working with psychic protection

〜あなたの持つサイキック能力を目ざめさせ、ネガティブエネルギーから身を守る〜

プロテクションテクニック

テレサ・ムーリー 著

服部 由美 訳

目 次

はじめに …………………………… 6
　強さと霊的な脅威に気づく力を身につける …… 8

**サイキック プロテクションとは
どういうことか** ………………………… 10
　集団に対応する ………………………… 12
　　集団学力／霊的に低い存在／元型
　家庭で ………………………………… 14
　　映画のようにはいかない／ネガティブな雰囲気を感じ取る／ペットが持つ力
　人の個性が及ぼす影響 ……………… 16
　　人の思いと意思／妬みを避ける／感情の泥沼／直感を信じる
　自分がおかれている状況を理解し、
　正直になる …………………………… 18
　　悪いのはあなたかもしれない／一瞬で解決できるものではない／自分と自分の影
　場所が持つ影響力 …………………… 20
　　レイライン／水に刻まれた感情／幽霊の存在
　呪いと霊的な攻撃 …………………… 22
　　邪悪な思考と戦う／感情を吸い取るヴァンパイア／霊的な攻撃
　自然界のエネルギー ………………… 24
　　自然に親しむ／自然が持つ霊的なエネルギー／香りを利用する／クリスタルのエネルギー
　オーラ ………………………………… 26
　　エーテル体／身を守るシールド／リラックスして訓練する

　チャクラ ……………………………… 28
　　7つの大きなチャクラ
　　大きなチャクラの一覧表 …………… 30

霊的に強くなる ……………………… 33
　基本を大切にする …………………… 34
　　栄養／水／アルコールと薬／エクササイズ／睡眠
　リラックスする ……………………… 36
　　リラックスするには／簡単なリラックス法
　太極拳と気功 ………………………… 38
　　エクササイズがもたらす効果／健康法と武術／古代のエクササイズ
　ヨーガ ………………………………… 40
　　ハタヨーガ／生命力を利用する／ヨーガ教室に通う
　ボディーランゲージ ………………… 42
　　自分だけのボディーランゲージを習得する／ポジティブなボディーランゲージのためのチェックリスト
　自然と触れ合って霊的な力をつける ……… 44
　　外に出る／木から栄養もらう瞑想法
　チャクラを開き、閉じる …………… 46
　　チャクラを開く方法／チャクラを閉じる方法

浄化テクニック ……………………… 51
　自分自身を浄化する ………………… 52
　　スマッジング／視覚化／呼吸
　家を浄化する ………………………… 54
　　霊的な大掃除／霊的な浄化

音で浄化する …………56
手を叩き、ベルを鳴らす／ウィンドチャイムとシンギングボウル／声を利用する

香りで浄化する …………58
インセンス／エッセンシャルオイル

ダンスで浄化する …………60
象徴としての動作／ダンスで浄化する方法

身を守るテクニック …………63

視覚化と想像力 …………64
想像力もたらす効果／想像力を高める訓練

泡で身を守る …………66
泡をつくる

四大元素 …………68
四大元素と結びついているもの／地／水／風／火

自分の支配元素を見つける …………70
占星術とのつながり／地／水／風／火

魔法の円の元素 …………72
魔法の円をつくる／守護者としての元素／自然の力をもらう

シンボルに宿る力 …………74
主なシンボルとその意味／シンボルを清める儀式

パワーシンボルを見つける …………76
パワーシンボルを見つける瞑想

神々 …………78
自分の神／神に保護を求める

神を選ぶ …………80
イシス／トト／ヴィーナス／ジュピター／観世音菩薩／ケルヌンノス

パワーアニマル …………82
パワーアニマルを見つける瞑想法

クリスタル …………84
クリスタルを選ぶ／クリスタルを浄化する／クリスタルで身を守る方法

木と動物と花 …………86
フラワーレメディー／小さな儀式

街の中で身を守る …………88
街中での対策／匂い袋をつくる

職場で身を守る …………90
安心できる空間をつくる／人前で安心して話す

恋愛関係を守る …………92
恋愛関係の円／4で割り切れるもの／忘れられない絆を断ち切る儀式

子供とペットを守る …………94
猫を守る／バッチフラワーレメディーの効果を高める／パワーアニマルを送り込む／守護天使

旅行中の安全 …………96
安全運転／家の快適さと一緒に旅に出る

ポジティブなエネルギーを引きつける …………99

ポジティブシンキング …………100

催眠療法 …………102
潜在意識による行動／ポジティブなアドバイス／ポジティブなものを吹き込む

天使 …………104
天使の訪れ／天使の序列／ミカエル／ガブリエル／ラファエル／ウリエル

スピリットガイド …………106
聡明なスピリットガイド／スピリットガイドに会う瞑想法

祝福と癒し …………108
自分自身をチャネルとして与える／癒しの儀式

季節の祝福 …………110
8つの季節の祭り／キリスト降誕際／聖燭際／春分／メイブ／夏至／ラマス／秋分／ハロウィン

月の魔法 …………112
月の相に合わせて儀式を行なう／幸せな気分を充電する

上級編 …………115

悪の問題 …………116
悪とは何か／表裏一体

霊的な攻撃 …………118
夜驚症／人の弱みにつけ込む

霊的な攻撃に立ち向かう …………120

自分で自分を守る …………122
恐怖感を和らげる儀式／悪意を跳ね返す儀式／悪い感情をボトルに詰める儀式／矢の儀式

索引 …………124

はじめに

　誰もが気づいていることですが、現代の生活はストレスの多いものです。あらゆる側面から重圧がかかり、多くの人びとがまるで爆撃を受けているかのように感じ、平和で安全な、心安らぐ場所を求めています。自分が傷つきやすく、何かがかみ合っていないような感覚に陥ることもあるでしょう。不快な雰囲気に取り囲まれていると感じたり、もっと具体的に、人や集団からある種の攻撃を受けていると感じたりしているのかもしれません。それは単なる想像だ、ネガティブに考えすぎだと言うこともできますが、それだけではこの感覚を説明することなどできないでしょう。

　けれども、人の目には見えない脅威を感じた時に利用できる、効果的な方法が昔から存在することを知れば、安心できるかもしれません。そして、基本的な事実を理解し、簡単な日課を実行しさえすれば、安心感と幸福感に大きな違いをもたらすことができるのです。

　恐怖症やパニック発作、いらいらや不眠症は、霊的な穢れを落とし、霊的に身を守らなければならないことを示す兆候のほんの一部にすぎません。もちろん、こういう不安感は、瞑想など、他の方法によって対応することもできますが、それによって不安感の根本的な原因を解決できるわけではありません。また、その不安感は、敏感さや無力感の一部で、そういったもののせいで不安を抱き、人生を自分の手には負えないものと考えている可能性もあるのです。

　本書を読んでいけば、自分がどれだけ霊的な脅威に気づいているのかをはっきり知り、自分自身に力を与え、自分自身と自分がおかれた環境を内側から浄化するための、実際に役立つ集中コースを進んでいくことになります。それだけでなく、悪気のあるなしにかかわらず、あなたを消耗させたり、傷つけたりしようとする感情の力や霊的な力から、あなたをしっかりと守るための手段も伝授します。

　そして、すばらしい発見があなたを待っています。あなたは自分の内なる強さを高めていく中で、あらゆる人のまわりにずっと存在し、今もそこにある、〈平安と美〉に向かって、自分自身を解き放つことができるのです！

テレサ・ムーリー

心が穏やかになれば、自分のまわりにある〈平安と美〉に自分を解き放つことができます。

強さと霊的な脅威に気づく力を身につける

10代前半のころ、わたしは自分が人とは違っていることに気づきました。わたしは他の人たちよりずっと敏感だったのです。わたしをひどく落ち着かない気分にさせる人たちと一緒にいると、自分という存在が消えていくように感じたものです。そして、そのあとには、1時間ほどひとりで過ごして、心のバランスを取り戻さなくてはなりませんでした。

霊的な敏感さ

たくさんのことに、気持ちをひどくかき乱されたものです。木が乱暴に切り倒される場面に出くわした時には、ヒステリーを起こしそうになりました。私には木の苦しみと、必死になって生き残りたいと訴える、その無言の叫びを感じ取ることができたからです。わが身を縮めて小さなボールとなって、この世界のあらゆる不幸から逃げ出したいと願ったこともあります。見えないアンテナによって、自分と不幸とがつながっているような気がしていたからです。多くの子供たちのように、わたしも時々仲間外れにされました。それでも人前では気丈にふるまっていましたが、心は深く傷ついていました。特定の場所に行くと、寒気がしたり、何かの前兆を感じたりしたこともあります。もし霊界に強い興味を持たないでいたら、自分は単なる神経症なのだと考えていたのかもしれません。けれども、そうではなく、自分がかすかなメッセージを感知していることに気づき、この霊的な敏感さから自分を守ることを、少しずつ身につけていったのです。

別の現実に気づく

言うまでもないことですが、神経症と霊的な敏感さとの差は紙一重です。本書を読んでいくと、あなたは自分自身を知ること、そして自分自身に真正直になることを求められます。そして、誠実に、素直に心を開けば、どんなやり方で、どの程度まで、自分自身を霊的に無防備な状態にしてよいのかがわかってくるでしょう。人は誰でも自分の内なる悪魔から身を守り、少しだけ自分自身を認識できなくてはならないのです。

霊的に身を守るとは、目に見えないあらゆるものから安全であるということです。それは、強引で身勝手な人たちがかけてくる負担や、場所や雰囲気が及ぼすわずかな影響力、さらには霊的な存在からの意図的な攻撃といったも

のです。大切なのは、わたしたちが〈現実〉と呼んで
いる物質的な日常とは異なる別の次元の存在に気づ
き、その世界は、わたしたちが自分自身を守ることが
できるように、多くのエネルギーを与えてくれているこ
とを理解することなのです。

自分の力を高める

　霊的に身を守るために、もっとも大切な最初のステ
ップは、自分自身を強くすることです。そのため、心
と体を健全に育み、自分の力を高めるためのさまざ
まな方法を見ていきます。さらに、その次のステップ
として、自分の〈城〉を守るためには、内側からきれい
にする必要があります。つまり、あなた自身とあなた
の家をひそかに傷つけているあらゆるネガティブなも
のを取り除くために、心強さを与えてくれる、すばら
しい方法をいくつか学んでいくのです。
　身を守り、安全でいるための方法とは、心身のバラ
ンスと美を追求する道のりのことです。簡単で実際的
で効果のある方法はたくさんあり、それを行なうことで、
あなたと愛する人たちを人生のあらゆる領域で守るこ
とができます。さらには、霊的な脅威に気づく力を高
め、人生をもっと楽しいものにすることもできるのです。
　身を守ることが必要だと感じても、それを弱さの表
れだと考えたりはしないで、霊的な脅威に気づく力の
表れだと考えてください。自分自身を守ることに慣れ
てくれば、その気づく力が特別な才能であり、そのお
かげで人生の奇跡を目にし、自分のまわりに喜びを広
めることができることがわかるでしょう。
　さあ、顔を太陽に向けて、リラックスし、自分が生き
とし生けるものと調和していること、生きている宇宙に
しっかりと抱きしめられていることに気づいてください。

強さとバランスと美感は、身を守る
道のりに欠かせないものです。

サイキック プロテクションとは
どういうことか

　サイキック プロテクションとは、一番の基本である〈心の持ち方〉から始まる、あらゆる種類の防御のことです。ここで身を守るとは、人が持つネガティブな考え方や、特定の場所が放つ重苦しい雰囲気や、あなたに向けられた本物の悪意から逃れることです。とは言っても、こういった問題に戦いを挑むわけではありません。むしろ、内なる平安と、心身のバランスと、ポジティブな態度に意識を集中するのです。なぜなら、こういったネガティブな影響力に攻撃性や怒りで反応してしまえば、私たちがはねつけようとしている、正にそのネガティブなものを大きくしてしまうことになり、また、それと同じものを自分自身の中で育ててしまうことにすらなりかねないからです。けれども、冷静さと霊的な健全さを持って対処すれば、傷つくことなく、満ち足りた気分でいられるでしょう。

　霊的に身を守れば、体を守ることにもなります。その理由は、〈心の持ち方〉を示すボディーランゲージによって、たくさんのことが伝わるからです。たとえば、動物を見てみましょう。動物同士の戦いは相手を傷つけるためというより、むしろ儀式的な行動として行われることが多いものです。つまり、敗者は降伏して無傷のまま立ち去り、勝者はただ尊大なポーズを取ることによってボスになるのです。同じように、人間も動作や、あるいは動かずにじっとしていることによって、無数のメッセージを伝えています。暗い道でボディーランゲージに頼るのは間違いですが、ボディーランゲージが自己防衛の強力な要素であることは間違いありません。

　この章を最大限に活用するためには、誰もが影響を受けているが目には見えないエネルギーが存在するという考えを受け入れ、そういったものを実際に体験して学ぼうとする意欲を持ってください。これから、身を守ることが必要となるような問題のある状況をいろいろ見ていきましょう。また、自分のまわりのものと調和し、本当に安全であると感じるために利用できるエネルギー源についても学びましょう。

集団に対応する

心の平安と力の感覚がわかれば、職場や社会で集団に対応する時に役立ちます。

大きな集団を相手にすると、怖気づいてしまうことはよくあります。会議の議長など、重要な役割を担う時は特にそうでしょう。この反応はもっともなものです。なぜなら、自分が属する一族に拒絶されることは身の破滅を意味したのは、それほど昔のことではないからです。

集団力学

著名な分析心理学者カール・ユング（1875～1961）は、集団の中で幅を利かすものが、その人たちに共通する特徴であることに注目しました。その集団で共通するもっとも強い感情が浮かび上がり、一人ひとりの感情よりずっと大きな影響力を及ぼすのです。この種の状況から受ける影響は、人それぞれです。恐怖心が伝わると、無意識のうちに攻撃的になる人もいれば、パニックに陥る人もいます。まるで自分が代表者のように振るまったり、突飛な行動に出たり、他の人たちが我慢していることを行動に移してしまったりする人たちもいます。わたしはそういった状況におかれた時に、いつもの自分とは違う何かに自分自身を支配された経験が何度もあります。ポップコンサートのような場合には、それもまた楽しいものですが、それ以外の状況ではけっして気持ちのよいものではありません。こんな時、大切なのは、『身を守るテクニック』の章で説明するように、一歩下がって、その状況から自分を切り離し、自分自身に焦点を合わせ、身を守ってくれる霊的な〈泡〉で自分を包むことができるようにすることです。

この集団力学は、毎日の職場環境や人づき合いの中でよく見られるものです。職場での駆け引きは人のもっとも醜い部分を表に出すこと

があり、礼儀正しい人たちでさえ、意外な振るまいをするものです。このような状況におかれたら、穏やかな客観的態度と、できるかぎりのユーモアを持って対処しましょう。

霊的に低い存在

神秘主義者たちは、人込みの中でエネルギーを吸い取る存在がいることに気づいています。これは、〈エレメンタリー〉と呼ばれる霊的に低い存在のことで、混乱を糧にしています（これを、風、火、地、水の四大元素の霊である〈エレメンタル〉と混同しないでください）。こういった存在に少しでも気づき、脅えているなら、霊的に自分自身を守ることが重要です。

元型

集団それ自体も、それにかかわる人たちの集合精神が形づくった、ひとつの存在です。集合的無意識（ユングがつくった用語）には、元型や宇宙の力が宿っています。古代人たちはこういった力を認め、神々として崇拝していました。『身を守るテクニック』の章では、こういった神々を敬うこと、神々に助けを求めること、神々にふさわしい場所を与えることを学びます。人込みの中をさまよっている神々には恐ろしいものもいます。たとえば、ギリシャの不和の女神エリスや、好戦的なマルスがそれです。

こういった元型や神々が、森羅万象の欠かせない一部であるのは事実であり、人は誰でも人生における怒りや混乱や変化として、そういったものを受け入れなければなりません。けれども、自分の意思でそういった力と取り組むことと、他の人たちの行動の犠牲者としてそういった力を受け取ることとは、まったく別のことなのです。

自分と集団とのつながりも、自分の中でわきあがる感情も、どちらも受け入れるべきものですが、そういった感情をどう扱うのかは、あなた次第です。同じように、あなたは集団が投げかけてくるネガティブなものから自分自身を守ることができ、また、集団よりずっと強い存在を呼び出し、助けてもらうこともできるのです（『身を守るテクニック』、『ポジティブなエネルギーを引きつける』、『上級編』参照）。

家庭で

家庭は安心できる場所です。そこでは本来の自分に戻り、むずかしい世界と対立したあとに自分を取り戻すことができます。けれども、皮肉なことに、人は家庭で自分を解き放つことができるからこそ、そこではもっとも無防備な状態になってしまいます。つまり、家庭が平和で、支えを与えてくれ、自分を受け入れてくれる空間でなくては、霊的に身を守ることはできません。そして、まず自分の家庭環境をありのままに見ることが、自分の安全を築き上げるための重要な第一ステップとなるのです。

映画のようにはいかない

ディズニー映画のような幸福な家庭は滅多にあるものではなく、同居人がみんな米国のテレビシリーズ『フレンズ』のようだとも限りません。家庭は無意識の力に支配されています。わかりにくいものですが、ひとりあるいは何人かの人が犠牲者にされたり、操られたり、虐待されたり、真価を認めてもらえなかったりしているものです。子供時代には、そんな問題にはまず気づかないものであり、また選択の余地もないでしょう。けれども、大人になったのなら、子供時代に経験した力関係を繰り返したり、自分を傷つけるような扱いを許したりしてはいけません。なぜなら、そのような状況では、自分は霊的に完全なものだと感じることや、瞑想のような訓練を行なうことがむずかしくなるからです。しかし、この無意識の力とは、不機嫌だったり、扱いにくかったり、要求が多かったり、信頼できなかったりする人たちと暮らす経験とはまったく別のことです。こういう欠点は、誰もが持っているものでしょう。これはわかりにくい問題ですが、自分自身に正直になれば、真実がわかるはずです。あなたは今の家庭で人生の道のりを進んでいけますか？ 能力を伸ばし、成長していけますか？ 答えがイエスなら、あなたは安全です。

ネガティブな雰囲気を感じ取る

どんなに健全な家庭でも、嫌な雰囲気につつまれることもあるでしょう。その原因は、どの家庭でも起こる口論やネガティブな感情であったり、外から持ち込まれる人生のストレスや不安であったりします。こういっ

花を飾れば家のポジティブなオーラを強くすることができますが、寝室ではエネルギーが高まりすぎるかもしれません。

猫には人をリラックスさせる力があります。驚くほど人の心を癒し、気分を和らげてくれます。

たものは空気中に漂い、敏感な人なら簡単に感じ取ることができます。人が言い争っていた部屋に入れば、誰でも独特な雰囲気の中に踏み込んだことに気づくものです。強い感情が存在しつづければ、それは壁や家具に吸収されます。そのため、中古の家具を買う時には、こういった雰囲気があるかどうかを調べ、自宅にはポジティブな雰囲気だけを持ち込むようにしましょう。

ペットが持つ力

　ペットは雰囲気の調整に大いに役立ってくれます。犬はポジティブな場所に、猫はネガティブな場所に引きつけられます。だから、猫は猫嫌いの人の膝の上に座りたがるのです！　けれども、猫はネガティブなものをつくり出したりはしません。むしろ、ネガティブなものを中和させる力があります。植物も家の雰囲気を浄化するのに役立ちます。

　ずっと暮らしていると、雰囲気を見分けるのがむずかしくなることもあります。自分の家の雰囲気についてはっきりわからなければ、いったん外に出て、気持ちをすっきりさせましょう。中に戻ったら、家が自分に及ぼしている影響に注目してください。そして、それを言葉にしてみてください。最初はとりとめのないものになるかもしれません。けれども、そこに不快さがあるようなら、それをはっきりさせ、完全に消し去るようにしたほうがよいでしょう（『浄化テクニック』参照）。

人の個性が及ぼす影響

人が及ぼす影響力は、人によって大きく違います。言葉と微笑みで相手を元気づける人や、そこにいるだけで相手の気持ちを落ち着かせる人もいれば、相手を不安にさせたり、憂うつにさせたりする人もいます。大切なのはこのことに気づくことです。

陽気な人が好かれるのは、ただ冗談やユーモアのためではなく、人柄やかもし出す雰囲気のためです。けれども、どれほど礼儀正しく分別に富んでいても、一緒にいると、どうしてもくつろぐことのできない人たちもいます。わたしはこのことに幾度となく気づいてきましたが、そのたびに、気づいているのはわたしだけなのだろうかと疑問に思っていました。けれども、やがて、ほとんどの人たちが同じように感じていることがわかったのです。

人の思いと意志

昔、〈凶眼〉という考えは一般的なものでした。ただ相手を見て、不幸を願うだけで、害を及ぼすことのできる人たちがいると信じられていたのです。この見るだけで影響を及ぼすという考えには、根拠があります。意識的にあるいは無意識のうちに、誰かに見られていることを感じ取る人たちがいるからです。人込みの中で何かを感じて振り向くと、誰かがこちらを見ていたということがあるでしょう。わたしたちは思いや意志によって、互いに影響を及ぼし合っています。誰かのことを考えた直後に、その人が電話をかけてきたこともあるでしょう。わたしたちは、目には見えない方法で他の人びととつながっています。そして、人びとの感情は、わたしたちが暮らしているこの世界の一部なのです。

妬みを避ける

褒め言葉を素直に受け止めることは、好ましいと考えられています。自信と自尊心を表すからです。けれども、あまり洗練されていない集団では、褒め言葉にはかすかな妬みが感じられます。原始社会では、褒め言葉は危険なものになるこ

一緒にいると安心できる人は誰でしょう。相手の表情は気にしないでください。

霊的に身を守るとはどういうことか　17

人を気遣い、思いやるために、自分が無防備になる必要はありません。つねに自分にとって快適な空間を保ちながら、人とつき合いましょう。

ともあったため、愛らしい子供や大切な財産は秘密にされたものです。それは、さらわれたり、盗まれたりするのを防ぐためだけではなく、妬みが生むネガティブな影響を避けるためでもあったのです。人間は本能的に、人の思いや欲望が自分に影響を与えることに気づいていたのでしょう。

感情の泥沼

現代の心理学的な視点から見ると、自分の性格を自分のものとして認めることなく、それをまわりにまき散らしている人たちがいます。たとえば、とても聡明だけれど、自分の激情と嫉妬心に対処できない人がいるものです。そういう人は、まわりのことなど気にしていないかのように行動しているようで、実際には周囲に黒々とした雰囲気を発していたり、感情を抑制することで、自分はこんなにも大きな苦しみを抱え込んでいるのだと、誰かに強く訴えようとしたりします。この場合、落ち度はもちろんその相手にあります。そのままにさせておけば、結果として、感情がねじれた複雑な話になって、誰が何を感じているのかわからなくなってしまうでしょう。

直観を信じる

人は誰でも、自分のまわりの霊的な雰囲気に影響を及ぼしています。妬みや恨みなど、自分が持っているネガティブな感情を認めることは大切ですが、何よりそういった感情を大きくしたり、人に向けたりしないことです。同様に、誰かに不安を感じさせられているなら、それを真剣に受け止めましょう。弱さや単なる想像だとは言えないからです。そういった感情は、自分自身が持っているネガティブなものから生まれている可能性もありますが、厄介な人からは距離をおいて、自分を守ることが大切なのです（『身を守るテクニック』参照）。

18 霊的に身を守るとはどういうことか

自分自身に微笑みかけ、自分の姿をポジティブに受け取りましょう。そうすれば、自尊心をおおいに高めることができます。

自分がおかれている状況を理解し、正直になる

自分自身を守る行動を起こす時に大切なのは、感じている脅威がどこから来ているのかを知ることです。もしかすると、自分自身が生み出している脅威なのかもしれません。自分がおかれている状況がわからないまま、人生の問題を解決して先へ進むことなど、まず不可能でしょう。けれども、バランスよく考えることも大切です。なぜなら、何でも自分の考え方や体調のせいだと解釈していては、非常に無力な状態になってしまうからです。

たとえば、父親との関係がうまくいかないことから起こってくる問題に取り組みながら、むなしく年月を費やしている女性がいるとしましょう。彼女は、現在の恋愛関係がうまくいかない原因はそこにあり、自分が悪いのだと考えています。けれども、実は彼女は自分にふさわしくない男性、あるいは悪意を持った男性とつき合っているのかもしれません。彼女に必要なのは、罪悪感を持つことなく、その関係を終わらせることなのです。

悪いのはあなたかもしれない

こういったことをすべて頭に入れて、霊的によくない雰囲気の責任が自分にどれだけあるのか、自分自身にたずねてみる必要があります。たとえば、あなたは誰かのパートナーで、自分の嫉妬を抑えこみ、自分がそんな感情を持っているのは相手のせいだと考えているとしましょう。そうなると、いったい誰が誰に悪影響を及ぼしているのでしょうか？ もしかすると、あなたは職場のいじめっ子で、自分の心の奥底にある不安のせいで、人に劣等感を感じさせてい

ませんか？ それとも、被害妄想や精神的な未熟さのせいで、自分は誰かに狙われていると思い込んでいませんか？

これがこの問題の複雑なところです。たいていの場合、非常にデリケートな問題で、悪気はなくても、そうよ、すべてあの人たちが悪い、報いを受けて当然よ、という結論にたどり着き、結果として悪い状況がつづいていくのです。

一瞬で解決できるものではない

古代ギリシャの征服者アレキサンダー大王は、ゴルディオス王の結び目（訳注／アジアを支配する者だけがこれを解くという伝説の結び目）を解くことを拒み、剣で切断しました。自分がおかれている状況に気づき、霊的に身を守ろうとする時に、こんなやり方ができたら、どれほどすばらしいでしょう。脅かされていると感じているのなら、あなたには自分自身を守る権利があります。これは重要なことです。けれども、そのために利用する方法は、人を傷つけるものではなく、自分のおかれている状況に気づく力と、霊性を高めてくれるものにしましょう。

> 影についてのユングの考え方は受け入れにくいものかもしれませんが、霊的な脅威を理解するためにはとても役に立ちます。

自分と自分の影

霊的な脅威に気づいたとしても、自分のことがよくわかっていて、結び目を自分で解くことができるのなら、安心していられます。まず、自分の本当の感情を素直に認めることから始めましょう。認めたくはないでしょうが、自分がいつも嫌悪し、軽蔑し、恐れている、他者の性質は、実は自分自身が嫌い、自分の中で抑えつけている性質なのです。ユングはこれを〈影の元型〉と呼びました。要するに、世の中に存在する多くの悪感情は、人びとが〈自分の中〉で折り合いをつけるべきことを、〈自分の外〉で葬り去ろうとしている結果なのです。

たとえば、あなたはわがままな人が苦手で、それも単に嫌っているのではなく、大嫌いだとしましょう。影の問題は、たいてい極端になってしまうものなのです。この裏に隠れている事実は、あなたは自分自身のわがままな部分を否定しながらも、実際にはきわめて身勝手な部分を持っているということなのかもしれません。おそらく、あなたは自分の身勝手な部分に気づき、まわりの状況を考えながら、自分がほしいものを求める必要があるのでしょう。このようにして、自分自身の影を認めさえすれば、自分の霊的なエネルギーを節約し、影とのボクシングをしなくてすむのです。

場所が持つ影響力

どの場所も、そこの住人たちが抱いてきた強い感情で満ちているものですが、長期にわたって繰り返し存在した影響力がつくり出している空間もあります。こういった影響力はその場所に特有のものであり、人の感情や行動によって大きくなることはあっても、何もないところから人がつくり出せるものではありません。

レイライン

地殻の表面にはレイラインというエネルギーラインが走っていると、昔から言われています。その存在は、古代の遺跡が一直線上に並んでいることが証明していると考える人たちもいます。地図を見れば、立石や教会、木立や井戸や目立つ丘など、数多くのものが一直線上にあることがわかるでしょう。ダウジングの専門家や敏感な人なら、こういったラインを感じ取ることができます。

こういったラインの解釈については、いくつかの仮説が発表されてきました。中には、空想にすぎないと断言しているものもあります。けれども、わたしはそういったラインの影響力を体験したことがあり、その多くが精霊の通り道、

英国のストーンヘンジなどの遺跡には、力強い霊的な存在が宿っています。それが自分に与える影響に気づいてください。

つまり、この世とあの世の間の神秘的な接点だとしてもおかしくないと考えています。いくつものラインが交差しているところは、特別な力が宿っている場所なのかもしれません。ダウジングの専門家たちは、さまざまな種類のラインを発見しています。ひらめきをもたらすラインもあれば、憂うつにさせるラインもあります。最悪なのはブラックラインで、不快なものが出没したり、事故や病気が起こったりしています。

　経験を積んだ優秀な専門家に家のダウジングを依頼すれば、ラインを見つけ、害のあるラインなら中和してもらうことができるでしょう。そのあとには、家を浄化することを忘れないでください（『浄化テクニック』参照）。

水に刻まれた感情

　地面の上であれ下であれ、水がある場所は、人を圧倒するような雰囲気を放っていることが多いものです。人の感情は水に刻まれるもののようで、そういった場所では、何か霊的なものが目撃されるのもめずらしいことではありません。水に刻み込まれた感情が、敏感な人たちに大きな影響を及ぼしていくことで、そのような雰囲気がつくられていくのかもしれません。たとえば、そういった場所で自殺した人がいれば、その気の毒な人は、おそらく絶望感を水に強く刻み残して逝ったのでしょう。そして、憂うつな気分の人がその場所に来ると、その悲嘆を自分の中に取り込んでしまうのです。そういった場所に行ったら、あるいは過去に行ったことがあるなら、自分自身を浄化し、守ったほうがよいでしょう。

幽霊の存在

　幽霊の出没は、レイラインや水のある場所と同じく、めずらしいことではありません。これはふたつの種類に分けることができます。ひとつ目は場所に刻み込まれた幽霊で、喜びであれ、悲しみであれ、感情がこだまとなって何度も繰り返されるのです。これは音だけでなく、視覚として感じ取れることもありますが、単なる霊的なビデオ映像にすぎません。ふたつ目の幽霊は、まだこの世を去っていない霊的な存在や魂がかかわっているのです。幽霊がもたらす感覚は種類によって違います。前者の場合は、その場所に刻み込まれた感情を感じるだけですが、後者の場合は、まるで自分という存在を侵害されたように感じるものです。わたしは誰もいない部屋に入った時、自分がひとりではないと気づいたことが何度もあります。そんな時、感じ取った存在が不気味なものであれば、その場所を立ち去るのが一番です。けれども、立ち去ることができないなら、その場所を浄化し、身を守るための〈魔法の円〉を描きましょう（『身を守るテクニック』参照）。

呪いと霊的な攻撃

中世の時代には、呪いに効果があることを疑う人はほとんどいませんでした。呪いは家族の中で代々伝えられ、物に呪いをかけることもできました。アフリカでは呪いは今もめずらしいものではなく、いったん祈祷師の呪いの的にされると、あきらめ、死んでいった不運な人がたくさんいます。もちろん、実際には、呪いをかけられたと知り、もうだめだと信じ込んでしまった結果、体力が衰えていっただけなのでしょう。

考えるだけで、人に影響を及ぼすことはできるのでしょうか？ 生物学者で人類学者であったライアル・ワトソン（1939〜）は実験によって、人の思考がまわりにいる生命体に影響を及ぼすことができることを証明しています。ほとんどの呪いは暗示と大差ないものですが、そこに感情を投影すれば、人に影響を及ぼすことはたしかにできると、わたしは信じています。

邪悪な思考と戦う

日々のいろいろな状況の中で、邪悪な人と接するのはめずらしいことではありません。あなたが失敗するのを望んでいる人が職場にいると知っているのなら、あなたは緊張感と不快感のせいで、相手が望んでいるものを引き起こしているのかもしれません。こういう場合は、間違いなく霊的に身を守る必要があります。なぜなら、想像力を鍛え、導いて、自分のために働かせることが必要になるからです。とにかく、あなたはその人の思考から悪影響を受ける可能性はあるのです。

けれども、大切なのは、極端なことを考えたり、被害妄想を抱いたりしないことです。影響を受けたとしても、そのほとんどはわずかなものであり、健康で自信に満ちた人なら、たいてい無意識のうちに霊的に追い払うことができ、実際にそうしているのです。けれども、精神的に弱くなったり、傷つきやすくなったりする時もあるでしょう。そういう時は、より強い行動に出ることが必要です（『身を守るテクニック』参照）。

感情を吸い取るヴァンパイア

感情を吸い取るヴァンパイアのような行動をする人たちがいます。人のエネルギーを絞り取るような人たちのことは、誰でもよく知っているでしょう。とても親切で、感じのよい人である場合もあるのですが、しばらくつき合っていると、自分の生命力がすべて漏れ出してしまったような気がします。また、不

安を生むような意見やほのめかしや皮肉を言って、こちらが気づかないうちに巧妙に傷つける人たちもいます。前者の場合、本人は自分がエネルギーを搾り取っていることに気づいていないのかもしれません。何か必要性があって、人の目には見えない次元で、その人のオーラがあなたのオーラを糧として少しずつ奪い取っているのです。後者の例はもっと邪悪です。その人は、あなたをひそかに傷つけようと必死になっています。どちらの場合も大切なのは、自分は完全に守られていると感じるまで、その人に近づかないことです。

霊的な攻撃

　最後に、滅多にないものですが、魔術信仰者からの霊的な攻撃があります。これには、邪悪な思考を送ることや、霊の分身による攻撃など、いくつか種類があります。魔術信仰に深くかかわっていたり、魔術を試してみようとする人たちとつき合っていたりしなければ、こういうことが起こる可能性はごくわずかです。けれども、自分がこういった攻撃の対象になっていると思うなら、経験豊かな人の支援を求め、戦う手助けをしてもらいましょう。『身を守るテクニック』で説明している手順がおおいに役立つでしょう。

心の平安と集中力を高めれば、あらゆるレベルで自分自身を守ることができます。

自然界のエネルギー

自然の美しさはあなたを喜びで満たし、おおいに元気づけてくれます。

心霊現象は、暗い部屋や古い建物、炎やゆらめくろうそくと結びついているものです。それは、そういったものが不気味な感じがするからだけでなく、日没後には人の脳内にある種の化学物質が分泌されるために、霊的な感覚が高まるからでしょう。月の光も人の直観を刺激するものです。けれども、霊能力を高めるために日暮れを待つ必要などありません。この上なく賢明で親切な教師は、自然界のいたるところにいるからです。

自然に親しむ

　人の目には見えない世界ともっと調和したいのなら、市街地を離れて、木々が茂り、緑の野原が遠くまで広がっている場所へ行きましょう。都会で暮らしているなら、近くの公園でもかまいません。人間は自然の中で進化してきました。自然と一体となって暮らしていた原始時代の人間の直観力は、現代人のものよりはるかに高いものでした。現代人の直観力が衰えたのは、文明という名の騒音によって、自然から隔離されてしまったからでしょう。田園地帯を歩くのを習慣にしましょう。地球に足をつけ、風に髪をなびかせ、鳥の声に耳を澄まし、自分を取り囲んでいる植物の香りを感じ取る時の、心地よい感覚に気づいてください。木々の間を散策し、花々を観察しましょう。何もする必要はありません。ただ、そこにいて、楽しめばいいのです。あとは自然に任せてください。

自然が持つ霊的なエネルギー

　自然の中にはたくさんのエネルギーが存在し、霊的に身を守る時に手助けしてくれます。ハーブや花や木、香りやクリスタル、音楽やドラムの音には、意

識を変化させて、何かを感じ取り、視覚化する能力を高める効果があります。こういった物や音には、それぞれ特有の性質が備わっていて、自分のまわりの目には見えない環境を変えるのに役立ちます。

香りを利用する

　嗅覚は人の感覚の中でももっとも原始的なものであり、香りは脳幹に影響を与え、気分をすばやく変化させます。植物のエッセンシャルオイルはオイルバーナーで温めたり、キャリアオイルに加えて皮膚をマッサージしたりすると、香りを放ちます。インセンスは植物を原料につくられています。粉末状のインセンスを利用したり、コーンタイプやスティックタイプものに火をつけたりすれば、部屋の雰囲気を変えるのに非常に効果的です。

　メロディであれ、ベルやドラムの単純な音色であれ、音楽は直接、直観に訴えかけ、部屋を新鮮で力強い振動で満たしてくれます。もっとも精神を高揚させてくれる純粋な音のひとつが、チベットのシンギングボウルです。これは場所の浄化にすばらしい効果があります。

　ダンスなどの動作によっても、部屋の雰囲気を変えることができます。また、手で誰かに触れれば、すばやくその人の気分を変えることができます。治療としてのマッサージは、深いレベルで癒しをもたらし、力を与え、霊的に身を守るためのたしかな基盤を築きます。

クリスタルのエネルギー

　クリスタルにはエネルギーが宿り、癒し、心を静め、身を守ってくれる性質があり、強さと知恵を与えてくれます。自分に合ったクリスタルを見つければ、人生という旅の道連れになってくれるでしょう。クリスタルの特性はその色とつながり、色自体に人の気分を変える力があり、人の健康によい影響を与えてくれます。

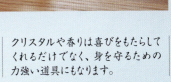

クリスタルや香りは喜びをもたらしてくれるだけでなく、身を守るための力強い道具にもなります。

オーラ

人間を含め、生物のまわりにはオーラがあります。オーラはさまざまな色をした微細なエネルギーを放っています。訓練すれば見ることもできます。健康な人であれば、オーラは体から1メートル以上外へ広がっています。宗教の指導者たちのオーラは、もっと遠くまで広がっていると言われています。わたしたちはいつも他の人のオーラを通り抜けています。このことに気づいていないかもしれませんが、これは人に影響を及ぼし、また霊的に身を守ることともおおいに関連があります。

エーテル体

オーラはいくつもの層からなり、多くの神秘主義者たちは7層あると信じています。けれども、実際には、一番内側の層と残りの層を見分けることができれば十分でしょう。一番内側のオーラの層は〈エーテル体〉と呼ばれ、簡単に見ることができます。これは青みがかった灰色で、体から数センチメートル外へと広がり、物質的な体に深く浸透したエネルギー体であるため、体力や精神力の状態を映し出します。残りのオーラはさまざまな色からなり、感情や精神状態や霊性と結びついています。

エーテル体を見るのはむずかしいことではありません。自分の指の周囲を見たり、鏡で自分の全身の周囲を見たりしてください。人は幼い子供の時には、自分のオーラを簡単に見ることができるのに、成長するにつれて、この能力を失ってしまいます。見ることができれば信じられるものですが、信じれば見ることができるというのも真実です。自分にはオーラが見えると信じてください。そうすれば見えます！　一番よい方法は、友人と訓練することです。友人に薄い色を背景にして立ってもらい、一点に集中しないようにして、その人の向こうを見てください。また、自分の手のひらを合わせて、その間にあるエネルギーのクッションを感じ取ることで、自分のエーテル体を感じることもできます。

身を守るシールド

エーテル体が生き生きと振動していれば、害を及ぼすものが取りついても振り払うことができます。さらにオーラのことをよく知れば、何か不快なものの侵入に対して敏感に反応するようになり、オーラと十分に調和すれば、オーラが早期警報システムとして働くようになるでしょう。要するに、直観的に不安を

霊的に身を守るとはどういうことか 27

感じたり、背筋がぞっとしたりするのです。そして、自分でも気づかないうちに、他の人たちのオーラも感じ取れるようになります。ネガティブな感情や病気やうつ状態、敵意や精神の不安定さといったものを隠していたとしても、オーラを見ればわかるのです。定期的にオーラを浄化していれば、自分を霊的に安全な状態にしておくことができます。つまり、オーラを効果的に利用すれば、自分を守る〈泡〉をつくり出すことができるのです（『身を守るテクニック』参照）。

リラックスして訓練する

リラックスしている時にはいつでも、オーラを見たり、感じ取ったりする訓練をしましょう。真剣に集中するのではなく軽い気持ちで行なったほうが、オーラを感じ取ることができるものです。物にもオーラがあり、所有者が肌身離さず持ち歩き、よく使っていた貴重な物であれば、非常に大きな力を持っていることもあります。また、よかれ悪しかれ強烈な個性が強く刻み込まれた物もあるため、誰か他の人の所有物であったものを手に入れた時には、注意する必要があるでしょう。

人はだれでも光のオーラに囲まれています。少し訓練すれば、オーラを見ることができます。

チャクラ

サンスクリット語で〈輪〉を意味するチャクラは、体のエネルギーの中心点です。7つの大きなチャクラはオーラの臓器に相当するもので、効率よく働いている時には回転しています。詰まったチャクラは不活発になり、人の健康に悪影響を及ぼします。霊的な強さと力を保つためには、チャクラがしっかりと機能していることが欠かせません。

7つの大きなチャクラ

小さなチャクラは体中にたくさんありますが、7つの大きなチャクラは、頭頂部から脊柱基部を結ぶ垂直線上に並んでいます。チャクラを呼び覚ますことは、霊的な悟りのプロセスのひとつです。また、霊的に身を守るためには、7つのチャクラの存在に気づいていなければなりません。

7つの大きなチャクラの色は虹の色から来ていますが、神秘主義者の中には、色は現在変わりつつあると言ったり、たいていの人のチャクラには色がついていないと言ったりする人たちもいます。けれども、わたしは色に基づいてチャクラを認識しています。それに、初めは色があったほうが、それぞれのチャクラの意味を理解しやすいでしょう。

1 基底のチャクラは、生殖器と肛門に近い脊柱基部にあり、色は赤色です。このチャクラは地球から、あるいは体の周囲にあるエーテル体からエネルギーを取り入れ、体に供給しています。これは文字どおり基盤となるところであり、このチャクラが適切に機能していなければ、体や他のチャクラの基本的な機能を維持することができません。基底のチャクラに力がないと、ぼうっとして、まわりの出来事や人びととかみ合っていないような感じがします。

2 仙骨のチャクラは、臍からだいたい手幅ひとつ分の下にあります。色はオレンジ色で、性欲や感情面の性質、創造的なエネルギーとつながっています。これが適切に機能していないと、自分自身の要求を受け入れ、人の要求を感じ取ることができないため、人間関係に問題が生じます。同じ理由から、人の要求に応えることがむずかしくなるでしょう。このチャクラの力が弱まると、心細さや不安を感じたり、パニック状態に陥ったりします。

3 太陽神経叢のチャクラは、臍と胸骨の間にあります。色は明るい黄色で、感情や自尊心、人としての能力に結びついています。このチャクラは内なる太陽で

霊的に身を守るとはどういうことか　29

あり、人に個性と意志の力を与えてくれます。これが明るく輝いていなければ、意見を言ったり、権利を主張したりするのを恐れるあまり、人に支配されているのかもしれません。太陽神経叢のチャクラは、体の外にまで広がっている力の源であるため、霊的に身を守る時に特に大切なものです。

4 心臓のチャクラは、胸の中心にあります。色は緑色で、愛情の中心点です。ここは真の思いやりと他者との一体感が宿る場所です。また、真の人間愛にもつながり、神との結びつきが始まるところでもあります。心臓のチャクラを活性化するには、自然を神秘的なものとして敬うことです。このチャクラが適切に機能していないと、感情が抑えつけられてしまう可能性があります。けれども、心臓のチャクラを開きすぎた状態が長くつづけば、衰弱し、疲労困憊してしまいます。これは、人に共感しすぎたり、手助けしすぎたり、人を気の毒に思いすぎたりした場合に起こることです。

5 喉のチャクラは、当然ながら喉にあります。色は青色で、意見や気持ちを伝える能力をコントロールし、音楽とも結びついています。このチャクラは声の力ともつながり、うまく機能していれば力強く話すことができます。十分に機能していなければ、誤解を生んだり、気持ちを言い表すことができなくなったりします。このチャクラに問題があると、喉の痛みとして表れることがあります。要するに、人に自分の意思を伝えられないことを体が表しているのでしょう。チャクラをきれいにすれば、その問題は消えます。

6 眉間のチャクラは、眉の間の〈第三の目〉のある場所、つまり精神の中枢にあります。色は藍色で、洞察力やひらめき、直観や想像力に結びついています。このチャクラがうまく機能していれば、知性が冴え、バランスよく機能します。さらに調子がよいと感じ、真実を見抜くことができます。このチャクラが詰まると、頑固になり、木を見て森を見ることができず、既成概念にとらわれない独創的な考え方ができなくなります。頭痛も起きるでしょう。

7 王冠のチャクラは頭頂部にあり、色は紫色です。光と共に咲く、〈たくさんの花弁のある蓮〉が位置する場所でもあります。これは非常に神聖なものが宿る中心点であり、誰かが近づきすぎたり、その部分に触れたりすると、不安を感じるでしょう。相手のことを嫌っていれば、特にそうです。このチャクラは高次の領域とつながり、霊的な成長の道しるべでもあります。王冠のチャクラが詰まると、うつ状態になったり、すべてが無意味に思えたりするでしょう。

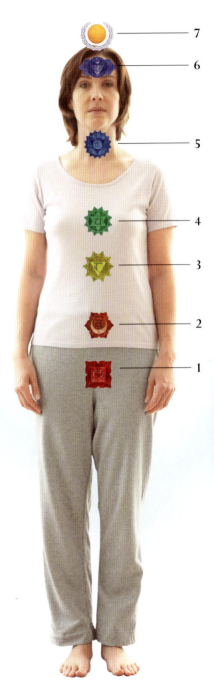

7つの大きなチャクラは、体の中心を通る垂直線上に並んでいます。

30 霊的に身を守るとはどういうことか

大きなチャクラの一覧表

	チャクラ	位置	色
	王冠のチャクラ	頭頂部	紫色、白色
	眉間のチャクラ	両目の間	藍色
	喉のチャクラ	首	青色
	心臓のチャクラ	胸の中心	緑色、ローズピンク
	太陽神経叢のチャクラ	胸骨の下	黄色
	仙骨のチャクラ	臍から手幅ひとつ分下	オレンジ色
	基底のチャクラ	会陰	赤色

腺	臓器	心への影響
脳下垂体	脳上部、右目	高次の自己とのつながり
松果体	脳下部、左目、耳、鼻、喉、神経系	理想主義と直観
甲状腺、副甲状腺	喉頭	コミュニケーションと自己表現
胸腺	心臓、肺、免疫系、迷走神経	思いやり
膵臓	胃、肝臓、胆嚢	性的な感情
性腺	生殖器系、尿路、腰部	創造性と想像力
副腎	脊柱基部、腸全体、脊髄、腎臓	心身のバランス

霊的に強くなる

　この章のアドバイスには単なる常識も含まれていますが、それは常識を知らない人が多いからです。悪い習慣は簡単に身につくものです。そうなれば、気づかないうちに疲れ果てていたり、気がつけば、手に負えない何かや誰かに悩まされていたりするでしょう。けれども、霊的に強くなるための儀式をいくつか行なっておけば、つねにエネルギーを満たしておくことができるのです。

　自分のためになる、ほどよい日課を立てましょう。日課というと退屈に聞こえますが、質のよい日課は儀式のようなものです（儀式を行なう目的は、子供のように純粋な無意識の心に入り込むことであり、子供というものは日課を必要とするものなのです）。日課は人を縛るものではなく、人を育て、生活の基盤をつくってくれます。いったん日課が機能し始めれば、何も考えなくても、今よりずっと質のよい食事やエクササイズ、くつろぎの時間や睡眠を手に入れることができるでしょう。もちろん、日課には柔軟性が必要です。けれども、例外は一時的なものにし、それが終わったら、いつもの日課に戻りましょう。

　日課の構成も大切なことです。1日をどんなものにするのかを考え、ヨーガなどリラックスできる活動の時間や、エクササイズの時間も組み入れてください。整理整頓もひとつの儀式です。家は散らかすことなく、適度に片づいた状態にしておきましょう。そうすることで、ポジティブなエネルギーの流れがよくなり、頭がよく働くようになるからです。気ままに考えごとができるような、自分のための時間も取りましょう。こういった時間は、早朝や眠る前に取るのが一番です。創造性やひらめきを求めているなら、この時間を欠かすことはできません。また、生活の細々した部分も大切にしましょう。そうしておけば、大きな問題が起こっても、自然に解決するものです。

基本を大切にする

食べ物は体と精神に栄養を与えます。食べることは命を祝うことです。

人の体はその人の神殿です。体を大切にすれば、防御能力が高まります。次の基本事項をチェックして、自分が体のためにできるだけのことをしているかどうか確認しましょう。人の精神と感情と体は、互いに依存したひとつのシステムをつくっていることを忘れないでください。

栄養

食べ物は多くの人たちが議論の的にするものです。食べ物が種類も量もこれほど豊富で、これほど汚染された時代は今までありませんでした。肥満が蔓延し、ダイエットすることはひとつの強迫観念になっています。でも、どうかダイエットなどしないでください！　脂質を避けた食事は体に悪く、体を衰弱させ、代謝機能を乱すからです。短期間なら効果があるかもしれませんが、長期にわたってダイエットすると、異常なほど食欲が出たり、リバウンドが起こったり、うつ状態になったり、自尊心を失ってしまったりします。また、飢餓状態になった体は脂肪を蓄えようとするため、悲しいけれど、当然ながら体重が増えてしまうのです。

ダイエットをするより、健康によい新鮮な自然食品を選んだり、できるだけ自分で育てたりしましょう。また、悲惨な環境で飼育された動物の肉には、特に注意してください。日々、健康によい食品を手に入れるように気を配ることです。そして、規則正しく食べましょう。リラックスして、食べ物を楽しみ、あなたの命を育むために与えられた命に感謝しましょう。

水

水をたくさん飲みましょう。1日にコップ8杯飲むことをお勧めします。体調不良の原因はたいてい脱水です。水の分子には地球の記憶が宿っているため、水には人を心身ともに浄化し、活力を与える働きがあるのです。ミネラルウォーター、あるいはせめてろ過した水を選び、数分間日光に当てて、エネルギーを満たしましょう。たびたび飲めるように、いつも水を側においておきましょう。

アルコールと薬

　飲酒は文化として認められていますが、アルコールは薬物より悪影響を及ぼします。アルコールを取りすぎれば、体に破滅的な悪影響を及ぼすことは、誰でも予測できるでしょう。しかし、それより予測がむずかしいのが薬物です。鎮痛剤であれ、処方薬であれ、どれも体に負担を与えます。天然の材料からつくられているハーブは、人の体と波長が合うという利点がありますが、中には死をもたらすものもあるため、注意して扱ってください。

　霊的に身を守らなければならない時には、絶対必要な処方薬や、リラックスするために友人と飲むグラス1〜2杯のワイン以外、薬とアルコールは完全に絶ってください。それ以外のアルコールはエーテル体を弱め、好ましくない存在をオーラに取りつかせてしまうこともあるため、やめておくべきです。

エクササイズは心と体の両方を強くしてくれます。楽しめるものを選びましょう。

エクササイズ

　どれほど忙しくても、健康的な生活にエクササイズは欠かせません。エクササイズは代謝を高め、体内に幸福ホルモン、エンドルフィンを放出し、エネルギッシュな気分にさせてくれます。また、気分をおおいに高め、体全体を強化してくれます。ダンスやウォーキングやスポーツクラブでの運動など、一番気に入ったエクササイズを見つけ、それをうまく生活に取り入れましょう。

睡眠

　必要な睡眠時間は人によって大きく異なります。自分に必要な睡眠時間を知り、それに合わせましょう。ベッドタイムの日課をつくり、脳に眠る時間だと伝えましょう。枕や寝具などはできるだけよい物を選び、寝室は風通しのよい、安心できる場所にしてください。『浄化テクニック』の章では、部屋の浄化について説明しています。睡眠不足がつづいている人は、何でも悪いほうへ、悪いほうへと考えていませんか？　どれだけ忙しくても、十分な睡眠を取るようにしましょう。

リラックスする

活動的な時間のあとにくつろぎたければ、気分を変えることが必要です。これには小さな儀式が役に立つでしょう。自分だけの気分をほぐす儀式をつくり出してください。家の中を片づけたり、お風呂に入ったり、気持ちを和らげてくれる温かい飲み物を片手に、ろうそくの明かりの近くに座ったりして、1日を終えましょう。リラックス状態になるためのこういった気分転換の儀式をつくり出しておけば、特別忙しい時や精神的に疲れた時にも役立つでしょう。

リラックスするには

　何か大変なことのあった日には、休息の時間を取ることです。ひとりになれる場所へ行き、自分の体が感じ取っているものに気持ちを集中させ、地球とつながり、心身のバランスを取りましょう。目を閉じ、まわりの音に耳を澄ましましょう。それから、そういったものから遠ざかっていきます。自分は外の世界から遮断された、安全な〈泡〉の中にいると想像してください。少しの間なら、眠ってもかまいません。日常に戻ったら、両手を叩いて、自分は元気を取り戻し、すっきりした状態で戻ってきたとアファメーションしてください。

　緊張状態は、人と、人のまわりに満ちている宇宙の力の広大な海とを隔てる、非常に大きな障害物です。宇宙の力は、人が高次の存在とつながりながら、瞑想したり、何かを視覚化したり、感じ取ったり、また、リラックスした時にチャクラを開いたりする能力をおおいに支えてくれます。

　できれば、毎日同じ時間にリラックスした状態になる練習をして、それを日課とすることで、潜在意識にメッセージを送りましょう。練習は1週間に一度1〜2時間行なうより、1日10分ずつ行なったほうがずっと効果があります。まず、ベッドに横になることから始めましょう。そうすれば、すぐに深いリラックス状態になれるからです。けれども、いったんリラックスすることを習得したなら、深い眠りに落ちないように、椅子に座ったり、床の上に横たわったり、座ったりして行なってください。

　自由にリラックスできるようになれば、強力な武器を手にしたことになります。どれほど緊張しても、少しだけ時間を取って、自分はリラックスしていると想像しましょう。すると、条件反射的にあらゆる緊張感が消え、心が澄み切った状態になって、目の前にあるものがどんなものであれ、うまく切り抜けることができるでしょう。

緊張は霊能力を阻むものです。緊張しても役に立たないことに気づき、それを手放しましょう。

霊的に強くなる　37

簡単なリラックス法

1 ベッドか床に横たわります。そちらのほうが心地よければ、椅子や床に座ってもかまいません。誰にも邪魔されないことを確認してください。

2 落ち着いたら、自分の体に気持ちを集中してください。どこか緊張している部分がありますか？　意識を体に向けて、各部分を順にリラックスさせていきます。

3 体のまわりにお湯が流れていると想像してください。それは頭頂部から首のうしろ、肩、腕、手、指へと流れ落ちていきます。お湯が胸や背中、腹や腰を洗い流し、脚から足首、踵、足、足の指へと落ちていると想像しましょう。これは何度か繰り返してもかまいません。

4 何かが心に浮かんでも、それに抵抗したりしないでください。その代わり、それはふわふわと出たり入ったりしている蝶々だ、あるいは、テレビ画面のちらつきだと考えましょう。自分の体とその心地よさに気持ちを集中させてください。

5 もうひとつの方法は、それぞれの筋肉をできるかぎり緊張させてから、だらりと力を抜くものです。頭頂部から始め、体の下へと進めたら、もう一度上へ上がっていきましょう。このようにして筋肉の緊張と弛緩を繰り返していると、体の中にリラックスを促す化学物質が分泌されます。あるいは、小人が自分の手足を動かしているが、時々ストライキをすると想像するのもよいでしょう。自分に有効な方法をいろいろ試してみてください。

太極拳と気功

心と体はつながっています。片方に影響を及ぼしたものは、もう片方にも影響を及ぼします。霊的なものに気を取られていると、身体的な問題を忘れがちですが、霊能力を最大限に発揮したければ、体が健康でしっかりと機能している必要があります。太極拳と気功は、心身のバランスと心の安定、そして、健全な心と体に欠かすことのできない〈地に足がついている〉という感覚を高めるのに役立ちます。

エクササイズがもたらす効果

定期的にエクササイズをすれば、体の調子を整え、爽快な気分でいられます。霊的に身を守ることを考えた時、エクササイズがもたらす非常に重要な効果のひとつは、姿勢がよくなって、流れるような無駄のない動きができるようになることです。よい姿勢や優雅に動くことが重要になる理由はいくつかあります。第一に、姿勢がよければ、体は満足感を伝えるメッセージを脳へ送り、自分が自信に満ち、心穏やかで、行動を起こす準備ができていることを伝えるからです。第二に、それと同じメッセージが、自信を伝えるボディーランゲージを通して、あなたの近くにいる人たちに送られるからです。第三に、自分はまわりにいるものと調和しているという信号を宇宙へ送ることによって、ポジティブなエネルギーを引きつけ、心身のバランスを取ることができるからです。

陰陽は宇宙のバランスを象徴するシンボルであり、究極にあるものはどれも、その対極にあるものの種を持っていることを示しています。

この第三の理由はとてもわかりにくいものでしょうが、もっとも基本的なことであり、これこそが太極拳と気功という身体技法の真髄なのです。これらの技法の中核をなしているのが、紀元前1122年にまで遡ることのできる道教です。道教とは、自然との調和と心身のバランスを取ることを目指す、霊的な道のりのことです。強さをもたらし、陰陽平衡を成り立たせているのは、このバランスなのです。

健康法と武術

　太極拳は動く瞑想あるいは武術の技法であり、心身のバランスを整え、陰陽を調和させるものです。健康法でもあり武術でもある太極拳は、心と体のつながりを重視し、自分自身に焦点を合わせ、何があっても心を乱されない能力の向上を目指しています。太極拳の流れるような動きは、ストレスを減らすことに役立つだけでなく、言葉では表現できない穏やかさを与えてくれ、それが相手に伝わります。相手に脅威を感じさせなければ、当然、敵のいない落ち着いた状態でいられるのです。

古代のエクササイズ

　気功は古代中国のエクササイズで、これも何千年もの歴史を持ち、中国全土だけでなく、世界中で広く実践されてきました。静止あるいは穏やかな動作と、静かで規則正しい呼吸を組み合わせた点が太極拳に似ています。動作は単純なものですが、独特の呼吸法と組み合わせると、体がおおいに活性化されるため、健康状態と、病気に対する抵抗力を高めることができるのです。

　これまで紹介してきた方法は古い歴史のあるものですが、西洋で生まれた数多くの新しいニューエイジ系のエクササイズにも大きな効果があります。それはダンスや体の動きを利用して、感情を表現し、精神状態を調整するものです。控えめで無理のない運動ならどんなものでも行えば、今よりもっと地に足をつけ、心身のバランスを取り、心を安定させることができるでしょう。心と体が調和した時、人は宇宙と調和します。この真の心の平安こそ、霊的に身を守るための非常に力強い基盤となるのです。

心の平安と優美さを持って動くことは、自信を示すメッセージを送るだけでなく、心と体を結びつけてくれます。

ヨーガ

ヨーガについてのもっとも古い記録は、紀元前1500〜1200年のものです。しかし、伝承はもっと古く、少なくともその千年前から存在しています。ヨーガの奥深い教義を完璧に習得するためには、何年も全身全霊で取り組まなければなりません。けれども、いったん習得してしまえば、リラックス状態になり、心身を調和させ、心の平安を得ることができるのです。

ヨーガという言葉は、英語の動詞「yoke」と同じインド・ヨーロッパ語を語源とし、「結びつける」、「一体感」という意味を持っています。これは、人の魂と宇宙の意識との結びつきのことです。もっと現実的なレベルでは、心と体の結びつきも意味しています。一連の修行によってヨーガの道を極めれば、あらゆる生命がひとつであることがわかるでしょう。

ハタヨーガ

ヨーガにはいくつか種類がありますが、西洋でもっとも一般的に教えられているのが、健康と体のコントロールを目的とした〈ハタヨーガ〉です。ハタヨーガでは、運動と呼吸法と体を清潔に保つ健康法によって、自分で自分の体をコントロールしていることが感じ取れるようになります。これには、体の機能についての深い知恵と知識が欠かせません。また、単なるエクササイズや筋肉を発達させるための運動ではないヨーガには、心臓、肺、腺、神経系といった内臓を健やかに効率よく機能させるという特徴があります。たとえば、ヨーガの姿勢〈アーサナ〉を取れば、内分泌腺に作用して、若さと活力をいつまでも保つことができます。そして、健全な肉体に健全な精神を宿せば、霊的な成長の基盤を築くことができるのです。

生命力を利用する

ヨーガは、自然の中に存在する生命力〈プラーナ〉を利用して、健康と活力を高めるものです。アーサナは取るべき姿勢のことであり、ほとんど運動にはなりませんが、ほんの少し背骨

多くの人たちがヨーガの修行を通して、強さと勇気と心の平安を身につけています。

霊的に強くなる 41

を伸ばしただけでも神経系に効果をもたらすのです。そのため、定期的にヨーガを行えば、ストレスを減らし、穏やかな気分でものごとを考えることができるようになります。体型がよくなり、望めば体重を減らすこともできるでしょう。ヨーガによって、柔軟性と正しい姿勢と均整の取れた体型が手に入るのです。それだけでなく、精神面や感情面にも数多くのよい効果をもたらします。具体的には、楽観的になり、集中力がつき、生きる意欲を持ち、人にやさしくなり、鋭敏になり、ものごとを正しく見ることができるようになるのです。

ヨーガによって穏やかに体を鍛えていけば、血液循環と神経系によい影響を与えます。

ヨーガ教室に通う

　ヨーガは狭い場所でも手軽にできますが、定期的に開かれている教室に通ったほうがよいでしょう。いったんそこで必要な基礎知識を学び、指導してもらえば、自分の日課としてひとりで行なうことができるようになるからです。ヨーガはとても人気があるため、教師を見つけるのはむずかしくないでしょう。

　霊的に身を守ろうとする時にヨーガを利用すれば、強力な道具になります。ヨーガの基盤となっている知恵は、何千年も昔から先人たちが伝えてきたものであり、それがあなたの潜在意識に刻み込まれていくのです。また、ヨーガによって身につけた心の静寂があれば、攻撃をかけようとする人たちも勝ち目がないことを感じ取り、たいてい攻撃をあきらめるでしょう。さらに、どんな脅威に対しても、落ち着いた客観的な態度で対処できるようになります。そして、ヨーガによって心の平安と強靭な肉体を手に入れていれば、心身のバランスの取れた、自制心のある人間であるということが相手に伝わるのです。

　どんな霊的な信念を持ち、どんな霊的に身を守るテクニックを選ぼうと、ヨーガはそういったものの効果を高めてくれるでしょう。

ボディーランゲージ

人を理解するには時間がかかるものだと考えているかもしれませんが、実際には会ってからすぐに決断を下しています。初めて会った人について知るべきことの少なくとも80パーセントは、外見や身振りだけでなく、姿勢や態度といった無数のかすかな信号からわかるからです。ボディーランゲージをつくり上げているのは、こういったものなのです。

直観力と観察力があれば、相手の素直なまなざし、あるいはずるそうな目つき、胸の張り方といったことに意識的に注意を向けた結果、相手に対して自分がどう反応しているかに瞬間的に気づくでしょう。たとえ注意を向けていないつもりでも、それはあなたと、その人に対するあなたの反応に影響を与えます。このように、ボディーランゲージはたくさんのことを伝えることができるのです。もし、これと同じ方法で自分の求めているものを人に伝えることができれば、霊的に身を守る時に非常に役に立つでしょう。

自分だけのボディーランゲージを習得する

ボディーランゲージから自信と落ち着きを感じさせることができれば、わたしは人生に何があろうと対処できる、わたしは強い人間だ、と伝えていることにな

> 誰かと初めて会う時には、ボディーランゲージによって、心の温かさと自信が伝わるようにしましょう。

ります。それを見れば、いじめっ子は逃げ去り、何かと文句をつけるのが好きな人たちも、あなたのことを予想以上に手ごわい相手だと思うでしょう。

　自信があることを伝えるためにもっとも効果的な方法は、本当に自信を持つことです。それには、あなたはすばらしい仕事をしている、あなたは有能で、成功者で、上昇気運に乗っているわね、というすばらしい褒め言葉をもらったばかりだと想像することです。そう思い込めば、胸を張り、背筋を伸ばし、顔を上げて、満面の笑みを浮かべていられるでしょう。

　鏡を使って練習するのもよいでしょう。できるだけ鮮明に想像してみてください。毎日5分練習すれば、数週間後には自由自在にその状態になれるようになります。そして、自信ありげに見せる必要がある時にはいつでも、その褒め言葉を思い浮かべれば、体の姿勢が変わるようになるでしょう。

　くつろいだ気分で真っ直ぐに立てば、体が脳に、自分は自信にあふれていると伝えます。すると脳は実際に自信を感じて、堂々と立てというメッセージを体に送り、そのポジティブなメッセージのやり取りには、どんどんと拍車がかかっていきます。つまり、力強いボディーランゲージを身につける最良の方法は、自分の内側から力を生み出すことなのです。

鏡の前で自信のある姿勢を練習すれば、自尊心の向上に驚くほど効果があります。

ポジティブなボディーランゲージのためのチェックリスト

視覚化する能力や想像力を失った時には、次のアドバイスが役に立つでしょう。

- リラックスしましょう。肩や腕や顔の力を抜き、やさしく微笑んでください。そわそわと体を動かしたり、足を踏み替えたり、爪を噛んだりしないようにしましょう。

- 堂々と立ちましょう。頭頂部から足まで糸でつながっている、その糸は想像上の人形使いによってピンと引っ張られていると想像してください。

- リラックスしたまま、背筋を伸ばしましょう。

- 話しかけている相手の目を真っ直ぐに見ましょう。けれども、にらみつけたりはしないでください。

- 気さくに微笑みかけましょう。

- ゆっくりと動きましょう。自信があれば、急ぐ必要はありません。

- 座る時には、腕や脚を組んだりしないようにしましょう。そうすることで、何も隠す必要はないという自信を示すことができます。

- 指を振ったり、突きつけたり、何かを指し示したりといった、好戦的な身振りは避けましょう。

- 相手が攻撃的な場合は、自信のある姿勢を保ったままでよいですが、相手の目を見すぎると挑戦的に思われることがあるので、それは避けましょう。威厳と分別ある態度を保っていれば、挑発的になりすぎることなく、自分の優位性を主張することができます。

自然と触れ合って霊的な力をつける

自然の中で過ごせば、心と体と魂によい効果をもたらします。

霊的な力をつけたければ、つねに自然の恩恵を求めましょう。外へ出て新鮮な空気の中で過ごせば、霊的な力をつけるためにおおいに役立ちます。ガーデニングは特にすばらしいものです。何かを育てれば、それはたくさんのポジティブなエネルギーを生み出し、生命の力を自分の目で確認できるからです。

外に出る

　ストレスを感じた時は、外に出て、しばらく地面に立って、地球とつながってください。素足になって、地球のエネルギーから元気をもらうのもよいでしょう。自分は浄化され、力を与えられているとアファメーションしながら、深呼吸しましょう。そして、地面を3回踏み鳴らして、こう言ってください。「ストレスは消えました。わたしは自由です。わたしは完璧な存在です」

　母なる大地が持つ力は尽きることはありません。大地に頼りましょう。けれども、何らかの方法で地球や植物や動物を気遣うことによって、恩返しするのを忘れないでください。そういった気遣いをすれば、さらに力をつけることができるものです。

木から栄養をもらう瞑想法

1. 定期的に長い散歩に出かけましょう。心を引かれる特別な木を探し、その木にもたれて座り、木に宿る〈精〉に意識を集中させてください。リラックスし、自分は木のオーラに囲まれ、安全に守られていることを感じ取りましょう。

2. 地球の奥深い内部へと突き抜けていく木の根に思いをはせましょう。そして、地面につけた自分の足からも根が伸びていると想像してください。地球の豊かさに気づき、自分の根が突き抜けていく、暗く神秘的な場所のすべてに目を向けましょう。

3. 次に、そういった根を通して栄養をもらっていることを感じ取りましょう。母なる大地に宿る力強い〈精〉と、何千年もの間、生命を育んできたあらゆるエネルギーが、あなたの中へ染み込んできます。あなたもその木のように、力強く、賢く、ゆるぎない存在です。体がエネルギーで満ちているのが感じられます。果てしないサイクルで入れ替わる季節の真実が理解できます。どんなことも大局的に見ることができ、何があっても大きな打撃を受けることはありません。母なる大地に根づき、木に守られていれば、あなたに敵はいないのです。

4. 準備ができたら、根を地面の深い部分から引き出し、自分の足に戻しましょう。そして、守ってもらったことを木に感謝してください。体を軽く叩いて、自分が完全にいつもの状態に戻ったことを確かめましょう。このエクササイズは毎日行なってもかまいません。これを行えば、しっかりと地に足をつけ、心穏やかな状態でいられるでしょう。

チャクラを開き、閉じる

身体的にも精神的にも最良の状態でいるためには、どのチャクラも適切に機能している必要があります。つまり、詰まったり、体と魂を結びつけるシステムからエネルギーが漏れていたりしてはいけないのです。チャクラの開き方を学べば、その機能と共鳴することで、チャクラを刺激したり、きれいにしたりすることができます。また、自分自身に活力を吹き込んだり、霊的な脅威に気づく力のレベルを上げたりすることもできます。この力は、霊的な攻撃を受けている時に役立つものであり、ネガティブなものと戦う強さを与えてくれます。

閉じたチャクラは、豪雨のあとにしっかりと花びらを閉じた花のようなものだと考えてください。

チャクラへの取り組みを始める前に、28～31ページに戻って、チャクラがもたらす効果や体内での位置と色に親しんでおきましょう。チャクラを開いておけば、瞑想や視覚化、身を守るための訓練、ポジティブなエネルギーを引きつけ、祝福を与える儀式といった、どんな霊的な行ないにもよい効果をもたらします（『身を守るテクニック』、『ポジティブなエネルギーを引きつける』、『上級編』参照）。チャクラを開けば、霊的にどのレベルにあっても認識力を高め、力を増し、体全体の健康を向上させることができるのです。

あるチャクラが開きにくい場合や、他のチャクラより振動数が低下している場合は、詰まったり、不活発になったりしているのかもしれません。47ページのアドバイスを参照しながら、少し時間をかけて意識を集中し、力強く輝いているチャクラを心に描きましょう。忘れてはいけないのは、チャクラを開くことは、人の目には見えない世界へ大きく一歩踏み出すことであり、それによって自分の内なるエネルギーの扱いを習得し、外部のエネルギーにつながることができるようになるということです。また、チャクラを開けば、力強さと活力を感じられるようになれます。そのため、そのテクニックは、たとえむずかしくても習得する価値のあるものなのです。

チャクラを開く方法

邪魔の入らない時間と場所を選びましょう。場所は、身体的にも、精神的にも、感情的にも、霊的にも、不安のないところにしてください。また、送電線の通っている場所や機械のおいてある場所、仲の悪い人がいる場所、また嫌な感じのする場所は避けるべきです。あらかじめ、それぞれのチャクラの位置と色を確かめておきましょう(p.30-31を参照)。

1 できればベッドに横たわって、リラックスしてください(p.36-37の『リラックスする』参照)。心を落ち着け、のんびりとしましょう。

2 基底のチャクラに注意を向けてください。赤色が振動しているようすを想像しましょう。そこに宿る力強さと生き残る力という特性に思いをはせ、それが自分を自分の根と母なる地球につなげていることを喜びましょう。エネルギーが地球から上がってきて、このチャクラに入って活性化させ、生命力で満たしていくようすを思い描いてください。これが最初のチャクラであり、初めての取り組みでもあるため、急ぐ必要はありません。チャクラを開くのは簡単なことですが、人の目に見えないものを感じ取ることを邪魔するものはたくさんあるため、何かが起こったと感じ取るまでには少し時間がかかることもあります。自分のしていることを楽しみ、気楽に取り組み、のんびりやっていきましょう。

3 チャクラが開けば、色と光とエネルギーで満たされたように感じるでしょう。体がぴくぴくしたり、浮遊しているような感じがしたり、セクシーな気分になったりするかもしれません。逆に、非常に弱い感覚しか感じられない場合もあるでしょう。自分の感覚を抑えこんだりしないでください。それは単なる想像ではありません。そして、あなたの体験は、どんな形であれ、あなた独自のものなのです。

4 いったん基底のチャクラが開いたことが感じ取れたなら、他のチャクラを開くことは比較的簡単です。けれども、最初の数回は基底のチャクラに集中して取り組み、完璧にできるようにするのが一番よいでしょう。それができたら、上位のチャクラへ進んでください。

5 基底のチャクラを開くことに十分自信が持てるようになったら、次のチャクラへ進みましょう。基底のチャクラからエネルギーを引き上げ、それが仙骨のチャクラへ入り、活性化させていることを感じ取ってください。このチャクラに宿る特性と、鮮やかに輝くすばらしいオレンジ色に思いをはせましょう。自分のセクシュアリティーが持つあらゆるポジティブな側面と、セクシュアリティーが人生の流れの中で果たしている優れた役割について、じっくりと考えてみましょう。大切なのはポジティブなことだけ考えることです。そうすれば、ネガティブなものが入り込んできても、ただチャクラとその色に集中することができるからです。チャクラを開いた時のエネルギーの高まりを感じ取ってください。

6 次に、太陽神経叢のチャクラへエネルギーを引き上げましょう。それは、自分の中で太陽が輝いているような感覚です。自信と大らかさと眩しいほどの輝きを感じ取ってください。自分の創造性と才能について、じっくりと考えてみましょう(ポジティブなことだけ考えることを忘れないでください)。しばらくの間、このチャクラを楽しみましょう。

7 準備ができたら、心臓のチャクラへ進みましょう。この緑色が押し寄せてくると、この世界とすべての自然に対する愛情に圧倒されてしまうでしょう。もしかすると、あなたは、もっと別の形で現れる愛情を体験するのかもしれません。どちらにせよ、これは純粋で、寛大な、輝くような愛情なのです。しばらくの間、このチャクラに意識を集中させましょう。

8 さらに上方へエネルギーを引き上げ、喉のチャクラへと進みましょう。このチャクラが空色であることに気づいてください。コミュニケーション能力における、自分の長所を理解しましょう。ここでは、音楽や声が聞こえてくるかもしれません。

9 次に眉間のチャクラ（第三の目）にエネルギーを引き上げましょう。濃い藍色に染められたら、認識力が向上し、判断力と洞察力が高まることに気づいてください。

10 次に王冠のチャクラへ進みましょう。きれいな紫色をしたこのチャクラは、人生の意味とそれ以上のものに気づかせてくれます。これは、言葉では言い表せないほど、精神を高揚させる経験となるでしょう。

11 次に、エネルギーが自分の頭頂部から、輝く噴水のようにあふれ出ていることに気づいてください。これを下方へ導き、太陽神経叢のチャクラへと戻しましょう。この状態をしばらくつづけ、そのエネルギー回路をゆるぎないものにしてください。そうすれば、あなたは電池のように活力に満ちていられるでしょう。これによって、意志の力と主体性を高めることができます。さらに、喜びと力強さとエネルギーを感じることができるはずです。この時点で、チャクラを元の人の目には見えない場所に戻し、視覚化など、霊的な行ないを始めてください。チャクラを開くたびに、信念と認識力とエネルギーが高まっていくことでしょう。

チャクラを閉じる方法

チャクラを閉じる時はいつでも注意して行なってください。開いたかどうかわからない場合もそうです。意識的に開いたのは基底のチャクラだけであっても、念のため、心の中ですべてのチャクラを閉じてください。これはとても重要なことです。チャクラを開いた状態にしておくと、無防備な状態になり、頭がふらつき、偏頭痛になったり、神経過敏になったり、怒りっぽくなったりするため、間違いなく確実に閉じてください。

1 豪雨の時、花が花びらをすべてしっかりと閉じるように、それぞれのチャクラが順に閉じていくようすを思い描きながら、チャクラを閉じてください。あるいは、チャクラのことを閉じていく〈目〉であると想像するのもよいでしょう。

2 すべてのチャクラは閉じられたと、力強くアファメーションしてください。

3 これを心の中で、入念に、繰り返し練習することが大切です。チャクラをきちんと閉じられるようになってからも、しばらくは練習をつづけてください。練習を積めば、徐々に楽にできるようになります。

4 日常に戻ってきたら、何かを食べたり、飲んだりしましょう(水を飲むだけでは不充分です)。両手の手のひらを床につけて、地球とつながり、心身のバランスを取り、時間をかけて自分を取り戻してください。

浄化テクニック

　霊的に身を守りたければ、霊的に穢れのない状態にすることが非常に大切になります。内側からきれいにしていれば、ネガティブなものが取りつきにくくなり、取りついたとしてもすぐにわかるからです。これは家にも言えることです。明るい雰囲気の家なら、帰った時によい気分がするものです。そして、家はその日に感じた嫌なことをすべて忘れさせてくれるだけでなく、あなたを守ってくれるでしょう。けれども、自分と自分の家のまわりに身を守るシールドを築く前に、ネガティブなものを中に閉じ込めていないか確認してください。

　霊的な浄化は一度だけするものではありません。浄化の儀式は、害のあるものすべてを取り除くために効果のある手段ですが、それは折々に、あるいは必要性を感じた時に、繰り返し行なうべきものです。これは心地よいものであり、精神を高揚させ、人生の美しさと調和することができるでしょう。

　感情を抑えこむことは、浄化とは違います。霊的な生活を送るために、ネガティブな感情を押し隠す必要などありません。霊性は自分が感じているものから生まれてくるものではなく、その感情をどうするのかという選択から生まれてくるものなのです。自分自身に正直になりましょう。そうすれば、思いどおりに生きられます。好ましくない感情を紙に書きとめ、耐熱容器の中で燃やすことが役に立つ場合もあります。これを必要なだけ、何度も行ないましょう。

　ネガティブなものやネガティブな感情を追い払う時には、それはどこか特定の場所へ行くのだと想像してください。そうでないと、また戻ってくることがあるからです。そういったものが地球の内部へ入っていき、中和され、別のものに変わっていくようす、あるいは、太陽へと昇っていき、浄化され、宇宙のエネルギー貯蔵庫へ戻っていくようすを視覚化しましょう。あなたから去っていったものを、宇宙が受け入れたのです。

自分自身を浄化する

入浴すれば、霊的にも身体的にも浄化されます。また、とても楽しいものでもあります。

霊的かつ身体的に自分自身を浄化するもっとも簡単な方法のひとつが、入浴です。ろうそくを何本か点し、お湯にラベンダーオイルを数滴垂らしましょう。浴槽に横たわりながら、好ましくない感情や悩みのすべてが、自分からお湯へと染み出していくようすを思い浮かべてください。

浴槽の栓を抜く時には、悪いものはすべて配水管へ流れていくとアファメーションしましょう。シャワーを浴びながら行なってもかまいません。より爽快な気分になれるでしょう。入浴かシャワーの時には、簡単でよいので、いつでもこの視覚化を取り入れてください。

スマッジング

オーラは自分の周囲から、また自分自身の感情からも、ネガティブなものを拾い上げています。オーラを浄化する心地よい方法があります。それはアメリカ先住民に古くから伝わる儀式で、乾燥させたセージとショウブを束にしたもの（スマッジスティック）をいぶし、その煙をオーラに行き渡らせることで、きれいにするというものです。スマッジスティックはニューエイジショップへ行けば簡単に手に入ります。パートナーや友人と一緒に行ない、順番に互いを浄化するとよいでしょう。

視覚化

また別の方法で、オーラを浄化することができます。椅子に座って、両足をしっかりと床につけ、目を閉じ、自分の頭の上には大きなシャワーヘッドがあると想像してください。そして、そのヘッドから金色の粒子が、密度の濃い、ゆったりとした流れとなってオーラを覆い、中へ流れ込み、オーラをきらめかせ、生き生きさせていくようすを視覚化しましょう。オーラ全体が浄化されていくようすを思い浮かべ、浄化が終わったと思っても、しばらくはそのままつづけてください。ネガティブなものがすべて足の下にある地球へと流れ込み、中和されていくようすを心に思い浮かべましょう。

浄化テクニック　53

呼吸

　呼吸によってオーラを浄化することができます。オーラの境界線の
ことを、好ましくないものを外へ出し、害のあるものを遮断する膜だと
考えましょう。あなたが取り込んでしまったネガティブなものはすべて、
呼吸と共にオーラから吐き出されていきます。それが灰色の煙となって、
オーラの外へと吐き出されていくようすを想像しましょう。深呼吸を
し、害のあるものすべてを、オーラの覆いの外へ吐き出すことに意
識を集中してください（覆いとはひとつの存在が持つ全エネルギ
ーを取り囲んでいるもので、この場合はあなたの全エネルギーを
取り囲んでいるもののことです）。そのまま呼吸をしては吐き出し、
浄化されたと感じてからもしばらくつづけましょう。過換気にな
らないように気をつけてください。

　感情をかき立てられた時には、特にこの方法が役立ちます。
恐れや怒りといったものが自分の体の中（たいていは太陽神
経叢）に巣くっていると感じたら、そのエネルギーを手でオー
ラの外へと導き出しましょう。それは、小さな塊や何かぼ
んやりしたもののように感じられるでしょう。両手でそ
っと取り出してください。その時、気持ちが高ぶる
ことがあるかもしれませんが、そのままつづけ、
手放し、そして、そのエネルギーを地面の穴へ
と導いている自分を思い描いてください。準
備ができたら、心の中でその穴を閉じ、そ
れが堆肥に変わって、いつか新しい生命の
栄養となることを願いましょう。

　適切だと思えば、こういった方法をいく
つか組み合わせてもかまいません。あっと
いう間に完璧にきれいになると期待しては
いけませんが、じきに気分が軽くなり、解放
された気分になれるでしょう。

心を穏やかにして椅子に座り、オー
ラからネガティブなものがすべて取り
除かれていると想像することで、オー
ラを浄化しましょう。

家を浄化する

現代では家事が軽んじられていますが、これは霊的にはよいことではありません。家の中が散らかっていれば、生命エネルギーである〈気〉が淀み、また、汚れた家はネガティブなエネルギーを抱え込んでしまうからです。

けれども、家をきれいにするために、狂ったように漂白剤や磨き粉を使う必要などありません。家が整頓されていれば、適度にきれいにしておくのにそれほど時間はかからないものです。古新聞や空瓶は毎日捨て、使い終わったものは片づけ、掃除機と雑巾で手早く埃を取り除きましょう。こうすることで、自分自身と宇宙に向かって、自分は自分の家の主人であるというメッセージを送ることになるのです。

竹ぼうきで家を掃除すれば、霊的にも浄化していることになります。

霊的な大掃除

魔術のシンボルである竹ぼうきを使って、家を霊的に浄化しましょう。引っ越す前には家を徹底的に浄化すべきですが、それが無理なら、家具を入れてから行なってもかまいません。玄関から一番離れた部屋から始めましょう。竹ぼうきで灰色の雲を追い払っているようすを心に描きながら、ネガティブなものをすべて掃き出しましょう。ひと部屋掃き終わったら扉を閉めて、次の部屋へ進みます。ひとつの階のすべての部屋を浄化したら、悪いエネルギーを掃きまとめて、ひとつのボールにし、次の階へ進みましょう。そして、最後にネガティブなものをすべて集め、ひとつの灰色の小山にします。最後に玄関の扉を開けて、その小山を掃き出し、地球にそれを片づけてくれるように頼みましょう。

霊的な浄化

次に、四大元素の力を借りて、家を霊的に浄化しましょう。四大元素である〈火〉、〈風〉、〈地〉、〈水〉を象徴している、点したろうそくを載せた皿、スティックタイプのラベンダーインセンス、塩を入れた皿、水を入れたグラスを用意してください。もう一度、一番奥の部屋から始めましょう。部屋の中心に立ったら、インセンスを持ち、「〈風〉によって浄化されよ」と唱えながら、部屋を反時計回りに回ります。今度はろうそくを持ち、「〈火〉によって浄化さ

れよ」と唱えながら、同じことをします。次に、グラスを持ち、「〈水〉によって浄化されよ」と唱えながら、部屋中に水を振りかけて回ります。最後に、「〈地〉によって浄化されよ」と唱えながら、部屋中に塩を振りかけて回ってください。

次に、同じ言葉を唱えながら、時計回りに同じことをします。ベッドや食卓やお気に入りの椅子といった大切なものには、特別な注意を払いましょう。最後に、四大元素を前と同じ順序（〈風〉、〈火〉、〈水〉、〈地〉）で唱えながら、家の境界線を反時計回りにできるだけ回りながら浄化します。次に、時計回りに回ることで家を祝福してください。直接回ることのできない部分は、近くに立って浄化していると想像するか、あるいは心の中で浄化しましょう。

この浄化を新年や春などの節目に行ないましょう。時々、家の中でろうそくを点したり、インセンスを焚いたりして、空気を活性化させてください。また、窓はたびたび開けましょう。この種の浄化は、何かを封印したり、自分の身を守ったりする前準備として必要なものでもあります（『身を守るテクニック』参照）。

〈風〉、〈水〉、〈地〉、〈火〉は一緒になると、美と心の平安を表します。

音で浄化する

音は空気の振動であり、浄化に効果のある道具になります。ただ手を叩くこと、ベルやウィンドチャイム、チベットのシンギングボウル、楽器や人の声はどれも、部屋のエネルギーを活性化させるために利用できるものです。

ウィンドチャイムは音がきれいなだけでなく、見た目も美しいので、風の通るところに吊るしましょう。

手を叩き、ベルを鳴らす

ネガティブなエネルギーを感じたら、いつでも手を強く断続的に叩いて、まわりに漂っているものを消し去りましょう。ベルを鳴らしても同じ効果があります。時間をかけて、自分の浄化用のベルを選びましょう。自分に合った、美しく澄みわたる音を出すベルを見つけてください。そのベルを持って、自宅や職場や車など霊的な浄化を必要とする場所を回りましょう。ベルを振って、あらゆる場所でくまなく鳴らし、最後に扉へ向かいます。

ウィンドチャイムとシンギングボウル

見た目にはわかりにくい雰囲気を、生き生きとした穢れのないものにしておきたいのなら、ウィンドチャイムがすばらしい効果をもたらします。風の通る場所ならどこでもかまわないので、吊るしておきましょう。ベルと同じく、ウィンドチャイムも音に注意して選んでください。木製のウィンドチャイムは独特の雰囲気を生み出しますが、浄化には金属製のほうがよいでしょう。

けれども、最高の道具といえば、チベットのシンギングボウルでしょう。音を出すにはコツが要るため、これも注意して選んでください。シンギングボウルの音には浄化作用があるだけでなく、精神をおおいに高揚させ、どこであれ、その場の雰囲気を著しく高めてくれます。また、シンギングボウルを鳴らすことは、霊的な儀式や瞑想のすばらしい前準備となります。

楽器を演奏すれば、その場の雰囲気を清め、高めることができます。自分で選んだ音楽によって、その場所を〈自分のもの〉にすることができるため、できるかぎり演奏しましょう。

浄化テクニック　57

クラシックやニューエイジ系の音楽は、浄化に最適な選択です。また、大きな音でポップミュージックを演奏すれば、自尊心のある幽霊なら、しばらくは出て来なくなるでしょう。けれども、一番大切なのは、自分の直観に従うことです。

声を利用する

人間の声は音色の幅が豊かで、意志によって出されるものであるため、とても影響力があります。そのため、場所を浄化したい時に利用できるもっとも有効な手段のひとつが、チャント（繰り返し唱えること）です。それによって自分の意識を変え、さらに自分のまわりにあるものの性質を変えることもできます。チャントには次のようなものがあります。

浄化されよ。安全であれ。
すべての悪しきもの、我から立ち去れ。

儀式として部屋を掃き清めたり、車の埃を払ったりするように、このチャントを繰り返しましょう。魔術の儀式に使われるものに手を加えたチャントを紹介しましょう。

竹ぼうきは役立つ。
わたしを守る。
悪を追い出し、
穢れを落とし、
光入れよう。

チベットのシンギングボウルの音ほど、浄化力と気持ちを引き立てる力のあるものはまずないでしょう。

これは『かねがなる』の節で歌うこともできます。好きなだけ何度も歌ってください。目的に合わせて、自分自身のチャントをつくったり、好みの歌で替え歌をつくったりしてください。自分の声が持つ力を利用して、人の目には見えない次元へメッセージを鳴り響かせましょう。

けれども、笑い声ほど、どんな雰囲気も明るくしてくれるものはまずありません。元気を出して、微笑みましょう。そうすれば、笑うことが最高の薬であることがわかるでしょう。

香りで浄化する

嗅覚は人の感覚の中でももっとも原始的なものであり、人の脳のもっとも本能的な部分である脳幹と関係しています。香りには気分をあっという間にすっかり変える力がありますが、それは香りがこの本能的なレベルに作用するからです。ハーブや花は独自の香りを放ち、それぞれの意味と効用が伝えられてきました。こういうものを参考にするのはよいことですが、つねに自分の感覚を大切にしましょう。

インセンス

儀式的な浄化を目的とする場合、香りをつくりだす方法はいくつかあります。ひとつは、乾燥させた植物でつくられたインセンスを利用する方法です。これにエッセンシャルオイルを垂らせば、香りをさらに高めることもできます。必要なのはインセンスと香炉と円盤形の木炭ですが、たいていニューエイジショップへ行けば手に入ります。木炭をトングでつかみ、ろうそくの炎で片側に火をつけます。それを香炉におき、木炭の上に粉末状のインセンスをひとつかみ振りかけると、インセンスが木炭で熱せられます。うっとりするような芳香が空気中に流れてきたら、それを問題のある場所に漂わせてください（注意—インセンスを焚く時には適切な容器を使いましょう。古い灰皿などでは割れる恐れがあります）。

スティックタイプのインセンスは、箸のような形をした固形のインセンスです。とても使いやすいものですが、原材料の質が悪ければ、不快な匂いを放つ場合もあります。

エッセンシャルオイル

インセンスを焚くことは、中身の濃い儀式を行なうためのすばらしい方法ですが、心地よい雰囲気をつくり出したいのなら、オイルバーナーでエッセンシャルオイルを温めるとよいでしょう。エッセンシャルオイルを数滴加えた水をバーナーで熱すれば、長時間、やさしい芳香が漂います。エッセンシャルオイルは植物から抽出したもので、たいていは穏やかなものですが、強い作用を持つものもあるため、慎重に扱いましょう。また、アレルギー反応や、家具や床の汚れにも注意してください。

インセンスから漂う香りに宿る霊的な力は、あなたを新たな次元に導いてくれます。

エッセンシャルオイルを使えば、手軽に部屋の中に力強い雰囲気をつくり出すことができます。

エッセンシャルオイル	特性と効用
ラベンダー	インセンスとしても、エッセンシャルオイルとしても、浄化効果がもっとも強いものです。作用が穏やかで、皮膚を傷つけることはありません。花の部分を乾燥させて、自分だけのラベンダーインセンスをつくりましょう。
シーダーウッド	快い香りで、浄化効果と身を守る効果があります。霊性を高め、不安や気分の落ち込みを解消します。
サイプレス	悲嘆や死別の痛みを和らげ、変化への道を切り開きます。
ユーカリプタス	優れた癒し効果があります。
フランキンセンス	厳かな香りで、精神を高揚させ、認識力を高め、古い心の傷を癒します。
レモンバーム（メリッサ）	ネガティブな感情を取り除き、心を落ち着かせ、安眠させます。
ミルラ	ネガティブな考え方、型にはまった考え方を追い払い、無気力や失望感と戦います。
オレンジ	エネルギーをもたらし、楽観主義と決断力を与えます。
パチョリー	身を守り、地に足をつけさせる効果がおおいにあります。
ペパーミント	浄化作用、活性化作用の強いオイルです。
ローズマリー	頭をすっきりさせ、活気を与え、気分を一新させてくれます。記憶力を高める効果もあります。
セージ	抗うつ効果と、記憶力を高める効果があります。
ティートゥリー	刺激のある香りですが、浄化作用、興奮作用、殺菌作用に優れています。
タイム	心理的な抵抗感や過去のトラウマを取り除きます。
イランイラン	嫉妬など問題のある感情を追い払います。強迫観念を取り除き、心の平安と喜びをもたらします。

ブレンド	目的
ミルラ、フランキンセンス、シーダーウッド	嫌な雰囲気の除去。歪んだオーラの修復
シーダーウッド、ローズマリー	一般的な浄化
ミルラ、イランイラン、ローズマリー	感情的なトラブルの除去
フランキンセンス、シーダーウッド、パチョリー	身を守る
オレンジ、フランキンセンス	快活さと幸福

ダンスで浄化する

ダンスは太極拳や気功と同じく、体と心と魂を調和し、人の魂を宇宙のエネルギーに結びつけてくれます（p.38-39を参照）。ダンスは、その瞬間の心の高まりを受け入れ、音楽に反応するという、自然で本能的なものです。ダンスが好きな人なら、踊ることで非常にポジティブな状況をつくり出しています。踊りながら、憂うつになったり、ネガティブなことを考えたりするなどできないからです。

象徴としての動作

人の動作には象徴的な意味があります。たとえば、54ページで触れた、家を掃き清める動作について考えてみてください。掃くという動作によって、自分がしようとしていることをより強く視覚化できるはずです。

けれども、動作にはまた別の意味もあります。たとえば、踊れば、そのリズムによって力がわき上がってくるのです。実は、力とはオーラの項目で説明したように、エーテルからできたエネルギーなのです。このエネルギーが強くなれば、簡単に感じ取ることができます。サッカーの試合や若者であふれたディスコなど、日常生活の中でも雰囲気が刺激的な場所では、このエネルギーが漏れ出てくることもめずらしいことではありません。このエネルギーが特定のものへ向けられた場合、敏感な人たちならそれを見ることができます。青色か金色の円錐形、あるいはシャワーのように見えるものです。けれども、このエネルギーをはっきりと見ることができなければ、特定のものへ向けることができないわけではありません。視覚化する能力と意志があれば、それができるようになるでしょう。

ダンスには、自分の体とそれが持つ力に気づかせる効果もあるため、地球とのつながりを高めることができます。さらにすばらしいことには、ダンスはエクササイズでもあるため、体からエンドルフィンというモルヒネ様物質が分泌されます。どんな種類の儀式を行なう時にも、ダンスはすばらしい前準備となりますが、単純なものがよいでしょう。自分が楽しい気分になれるようなダンスをしてください。心拍数と呼吸数を上げましょう。けれども、疲れない程度にしてください。浄化のためにエネルギーを取っておく必要があるからです。

ダンスで浄化する方法

1 徹底的な浄化が必要だと思われる場所があり、ダンスで浄化するのがいいと考えたなら、好みの音楽をかけ、気分を盛り上げましょう。反時計回りにゆったりと踊ってください（南半球では時計回りに踊ります。動作は太陽の動きの逆でなければならないからです）。これはネガティブなエネルギーを取り除くためです。

2 毛糸の玉をほどいていると想像してください。そして、毛糸が引っ張られたり、もろくなったり、ばらばらになったりしている部分を繕っている自分の姿を思い浮かべましょう。すべて終わったと感じたら、自分の仕事は完成したとアファメーションし、動きを止めて床に手を触れ、地球とつながりましょう。

3 次に時計回りに踊り始めましょう（南半球では反時計回り）。ぐるぐる回ったり、ジャンプしたり、スキップしたり、つま先旋回したり、好きなだけエネルギーと喜びを込めて踊ってください。両手を使って、円錐形のエネルギーをつくり出している自分を想像しましょう。チャントを唱えてもかまいません。

4 円錐形ができたら、送り出して役目を果たさせましょう。それが金色か白色の竜巻で、渦を巻きながら、あなたが浄化したい場所を通り抜け、ネガティブなものを追い払っているようすを視覚化してください。そのようすを細かい部分まで心に思い描きましょう。終わったら、そのネガティブなものを人気のない場所へ送りましょう。不快なものは、そこから地球へ戻され、別のものに変化させられるのです。

5 すべてが終わったら、自分の体を軽く叩き、両手を床につけ、何か食べたり、飲んだりすることで、間違いなく自分自身を地上へ戻してください。チャクラを意図的に開けていなくても、チャクラは閉じられたとアファメーションしましょう。初めのうちは、この方法を行なうと疲れ果ててしまうかもしれません。けれども、練習を積めば、気分が高揚し、活気を取り戻せることがわかるでしょう。

身を守るテクニック

　これまでの章で説明してきた、浄化し、霊的に強くなる儀式は、かなり身を守ることができるものであり、これからたしかな防御を築いていくために欠かせないものです。また、そういったものを行なっていれば、視覚化する能力がついていくでしょう。視覚化する能力は欠くことのできないものであり、霊的に身を守るための最強の道具です。そして、いったん頭の中で何かを現実のものとして想像できるようになれば、外の世界で何かを現実のものにするまで、あと一歩のところまで来ているのです。

　この章では、特定のものを〈視覚化〉したり、〈想像〉したりすることを繰り返し求められます。〈視覚化〉ができないと悩む人もたくさんいますが、そういう人たちは心の目で見ていないだけなのです。そして、そのために霊的なレベルに到達できないと思い込んでいるのです。けれども、それは違います。自分に合った方法さえ見つければ、誰でも心の中でイメージをつくり出すことができるのです。問題は〈視覚化〉という言葉にあるのでしょう。視覚化というと、何でも目に見えなくてはならないと考えてしまうからです。でも、実際はそうではないのです。

　頭を視覚的に働かせることができる人たちにとって、ものごとをイメージとしてとらえることは比較的簡単です。けれども、音にとても敏感な人たち、感情にとても敏感な人たちもいます。大切なのは自分に合ったやり方を見つけ、それに慣れていくことです。たとえば、自分のまわりに〈魔法の円〉があると想像するように求められた時、あなたに最適なのは、〈魔法の円〉が立てている電気回路のようなブーンという音が聞こえると思い込むことなのかもしれません。あるいは、あなたは、その雰囲気や匂いや味を感じ取ることができるのかもしれません。自分に合ったやり方があると強くアファメーションし、それもまた効果的なものだと信じてください。写真やシンボルなど、小道具を利用してもよいでしょう。気軽に考え、自分に効果のある方法を見つけてください。

視覚化と想像力

視覚化とは、実際には心の力を利用した応用想像力のことであり、想像力とは人の命に宿るもっとも力強い力のことです。地球に生き、成長しているものを除けば、人が目にし、使っているものはどれも、最初は誰かの想像の中に存在していたものです。車は設計者の頭の中にあったものであり、家は建築家の想像力から生まれたものなのです。

　わたしたちは、まるで想像力が現実より劣るものであるかのように、「単なる想像だよ」と言って、この驚くべき力のことを軽んじてしまいがちです。けれども、人の意志と想像力の戦いとなれば、勝つのはつねに後者です。例を挙げてみましょう。床に50センチの幅の板がおいてあるとします。あなたは何の問題もなくその上を歩くことができるでしょう。でも、この板を深い渓谷に渡したとしたら、どうでしょう。それがどれほど頑丈な板であろうと、ほとんどの人が怖気づいてしまうことでしょう。意志の力を持ってしても、手のひらが汗ばみ、胸がどきどきすることを止めることはできません。しかし、その板はただ部屋の中におかれているだけだと想像することができたなら、何の問題もなく渡っていけるでしょう！

想像力がもたらす効果

　想像力がもたらす効果には、主に2種類あります。第一に、想像力が心を変化させ、心が現実を変化させるというものです。これは簡単にわかります。もし、あなたが自分は人から好かれていると思い込んでいれば、人に対しておおらかに愛想よく接するでしょう。そして、そういう接し方をされれば、当然ほとんどの人は温かく応じるため、あなたが信じていたことは正しかった、ということになるのです。

　第二に、想像力は人の目には見えない次元（アストラル界）にも作用するというものです。そして、想像力が霊的なレベルに影響を及ぼせば、その影響は物質界にも及びます。その影響ははっきりわからないこともあれば、時間がかかることもあるでしょう。けれども、うつ状態の人が重苦しい雰囲気をつくり出しているような場合は、敏感な人なら必ず気づくものです。

想像力を高める訓練

　想像力は簡単な訓練によって磨くことができます。まず、お気に入りのマグを目の前のテーブルにおいてください。次に、マグを見えない場所へおいたあと、それが目の前にあると想像しましょう。まったく視覚化できなければ、それに触れることができる、あるいは中に入っているコーヒーの香りがすると想像してみてください。できるかぎり時間をかけて集中しましょう。あなたはアストラル界にそのマグのイメージをつくり出しているのであり、集中するのをやめれば、その〈アストラル界のマグ〉は次第に消えていきます。しかし、身を守るための〈魔法の円〉など、日頃から何かを想像していれば、アストラル界の現実を永遠のものにすることができるのです。

　マグの訓練をすれば、アストラル界の力をつけることができます。それ自体は何かの役に立つものではありません。けれども、楽しく実用的なやり方で、想像力を高める習慣をつけることができます。眠る時には、自分の人生に起こってほしいことを想像しましょう。それを細部にいたるまで具体的に思い描き、その自分になり切って楽しみ、それを心の中の現実にしながら、そのまま眠ってください。同じイメージを使って、これを毎晩行なってください。そうすれば、それはいつか現実となるでしょう。

静かなひとときに簡単な訓練をするだけで、想像力を飛躍的に高めることができます。

泡で身を守る

誰でも自然界のオーラの影響を受けています。その力を自分のために利用しましょう。

この項目は、おそらくこの本の中で一番重要なものです。身を守る〈泡〉をつくり出すことは、霊的な防御のためのもっとも大切な一歩だと言ってもよいでしょう。いったんこれを習得してしまえば、自分自身のまわりに強力なアストラルの覆いをつくり上げ、安全でいられるのです。

泡をつくる

初めてこの訓練を行なう時には、まず入浴して体を浄化しましょう（p.52を参照）。自分のオーラを浄化したら、次に部屋を浄化してください。竹ぼうきを使って掃き清め、四大元素を持って部屋を回りましょう（p.54-55を参照）。ベルやチベットのシンギングボウル、音楽、インセンスやエッセンシャルオイルを利用して、気持ちを高揚させるような環境をつくるのもよいでしょう（p.56-59を参照）。

1　椅子に座るか、ベッドに横たわって、リラックスしてください（p.36-37を参照）。自分のまわりにある内側のオーラ（エーテル体）に注意を向け、その存在に意識を集中させます。それを、風船のように自分を取り囲む膜だと考えましょう。それがあなたの呼吸に合わせて、縮んだり、膨らんだりするようすを思い描いてください。自分でうまくコントロールしていると感じるまで、これをつづけましょう。

2　次に、息を吐くとオーラの覆いが膨らむが、息を吸い込んでも縮まないと考えてください。そして、その覆いを風船のように膨らませ、体から70センチメートルくらいのところで自分を取り囲んでいる、白く輝く卵のような形にしましょう。

3　「わたしは安全だ。わたしは守られている」と繰り返し唱えてください。そうしたければ、大声で唱えてもかまいません。唱えながら、身を守る〈泡〉が輝きを増し、その膜が強さを増していくようすを心に思い描きましょう。そして、害を及ぼす可能性のあるものは何であれ、〈泡〉に跳ね返され、元の場所へ戻っていくと考えてください。

4　〈泡〉が安定したものになったと確信できた場合だけ、自分の身を守る〈泡〉はポジティブなものなら何でも引きつける磁石であり、善意と愛情にあふれた力だけが中に入って、自分を祝福してくれるとアファメーションしてください。このレベルまで進むのは、身を守る〈泡〉をしっかりとつくった時だけにするよう注意しましょう。

5 必要なら、大きな声で、身を守らなければならない時には、いつでも、自然に〈泡〉が現れるとアファメーションしてください。自分自身に、「身を守らなければならない時には、いつでも、〈泡〉がそこにある」としっかりと何度も言い聞かせましょう。準備ができたら、〈泡〉を縮ませ、ふたたび自分の体まで戻し、いつものエーテル体の大きさまで小さくします。何かを食べたり、飲んだり、体を軽く叩いたり、両足を床につけたりすることで、自分は今この場所へ戻ってきたとアファメーションしましょう。

6 これを1ヵ月間、毎日繰り返してください。10分もあればできるはずです。そのあとは数日に一度行なうようにし、最終的には月に一度まで減らしていきます。何かに脅かされていると感じたら、回数を増やしましょう。いったん慣れてしまえば、外出中であれ、職場であれ、いつでも必要な時に、即座に〈泡〉をつくることができるようになるでしょう。そうなれば、おおいに自信がつき、とても快適に過ごせるようになります。

四大元素

古代人は、あらゆるものは、〈地〉、〈火〉、〈風〉、〈水〉の四大元素がさまざまな割合で交じり合ってできたものだと信じていました。これは、エネルギーの面から考えれば、今も真実です。四大元素は物質的なレベルでの現実でありながら、目に見えない領域では象徴としての意味も持つ存在の基本要素なのです。物質世界のあらゆる領域を網羅するものであり、霊的に身を守るための儀式において非常に重要になるものです。

四大元素の意味と結びついているもの

　四大元素の意味と結びついているものについて知っておけば、その特性が必要になった時に、その元素をより強く呼び出すことができるでしょう。古代の調和システムによれば、それぞれの元素はさまざまなシンボル、物質、植物、クリスタルと結びついています。けれども、しっかりした決まりがあるわけではないため、何か自分にぴったり合うものを見つけたら、それを選んでください。

　儀式を行なう時、元素と結びついているシンボルや物質を利用すれば、元素の特性を呼び出し、それに焦点を合わせることができます。特性の中には別の元素と重なっているものもあります。

地

シンボル：塩、石、土、五芒星
クリスタル：クリーンアゲート、ジェット、ペリドット、ブラウンジャスパー
ハーブ：パチュリー、ハニーサックル、プリムローズ、マグノリア
色：茶、黒、深緑、黄、オレンジ

〈地〉の元素は、固体の物質と結びついています。これは、強固で、何かを守り育て、現実的で、安定しているものです。所有物、不動産、安全、身体面の健康、肉体感覚につながる儀式は、すべて〈地〉のテーマとなります。お金も含まれますが、多くの神秘主義者たちは、お金を〈風〉とコンピュータに結びつけています。

水

シンボル：水の入ったボウルやグラスや大釜
クリスタル：ムーンストーン、アメジスト、サファイア、カルセドニー
ハーブ：リリー、ユーカリ、ヘンプ、ジャスミン
色：紫、緑、青緑

この元素は液体状のものと、感情、記憶、共感、癒し、浄化といったものと結びついています。自分が抱いている感情や気持ちを静めたり、取り除いたりすることにつながる儀式は、家族や祖先や地域社会の問題と同じく、〈水〉のテーマです。

風

シンボル：インセンス、ウィンドチャイム
クリスタル：アヴェンチュリン、斑紋入りジャスパー、ブルーレース、シトリン
ハーブ：ラベンダー、レモングラス、メース、パイン
色：明るい青、黄、オレンジ

気体と結びついているこの元素は、意思の疎通や思考、知的なことがら、論理、社会の動きにも関係しています。明確な思考、客観性、自主性、理解力につながる儀式は、お金の問題と同じく、〈風〉のテーマです。

火

シンボル：ろうそく、線香花火
クリスタル：アンバー、カーネリアン、サンストーン、トパーズ
ハーブ：クローブ、オレンジ、ひまわり、コリアンダー
色：赤、オレンジ

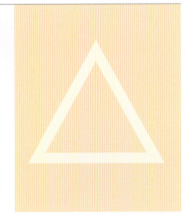

〈火〉の元素は、不安定で影響を受けやすく、ある状態から別の状態へと変わっていく物質と結びついています。また、エネルギー、ひらめき、創造性、勇気につながっています。変化、活性化、霊感を与えること、力を与えることにつながる儀式は、〈火〉のテーマです。

自分の支配元素を見つける

こういった元素は人の性格とつながり、人はそれぞれ自分の中に、ひとつかふたつの支配元素を持っています。自分の中で力を持っている元素、持っていない元素がどれなのかがわかれば、精神的に安定し、強くなることができます。人の気分も元素とつながっています。たとえば、「わたしは火がついたように激しく怒ったわ」、「今日は、とっても涙もろい(ウォータリー)の」などと言ったりするものです。

占星術とのつながり

支配元素は、自分の星座からもわかります。たとえば、〈地〉の星座は牡牛座、乙女座、山羊座、〈水〉の星座は蟹座、蠍座、魚座、〈風〉の星座は双子座、天秤座、水瓶座、〈火〉の星座は牡羊座、獅子座、射手座です。けれども、星座は太陽宮を示しているだけで、占星術のひとつの側面にすぎません。生まれた日と時間を記入したチャートをつくれば、別の元素が浮かび上がってくるのかもしれません。自分をもっとも強く支配している元素がわかったら、素直に受け入れましょう。次の説明をよく読んで、自分に一番当てはまる元素がどれなのかを見極めてください。

地

おおまかに言えば、あなたは十分な良識を備えた、現実的な人です。自分の体とそれが求めているものを知っているため、官能的にも自由奔放にもなれます。たいてい予定を立て、計画的に行動し、金銭的な問題を起こすことはありません。簡単には動じない人なので、どの元素の保護もまず必要としないでしょう。けれども、目の前にある現実の先を見通すことがむずかしい場合もあり、予測しにくいこと、仮定のこと、不安定なことに立ち向かう時には、守ってもらいたいと感じるかもしれません。霊的な問題に対処する時にまったく想像力を働かせることができないため、特に〈火〉の元素から、精神のバランスと勇気をもらう必要があるでしょう。

水

　あなたは感情に動かされやすく、人に同情しやすく、人と親しい関係を築くことに価値をおく傾向があります。人が求めているものを察することができるため、とても協力的になれるのですが、同時に敏感すぎて、ものごとを個人的に受け取ってしまいがちです。ロマンチックな夢想家であり、人を気遣うやさしい人で、非常に面倒見がよいのですが、自分自身を気遣うことも必要です。ものごとを中立的な立場から論理的に考えることが苦手なようなので、特に〈風〉の元素から、快活さと客観性をもらい、冷静さを失わないように守ってもらう必要があるでしょう。

風

　あなたは話し好きで、自分の考え以外認めようとしない傾向があります。そして、いつもみんなに問題を打ち明けてもらい、自分の頭で問題を解決してあげたいと考えています。頭脳明晰で機知に富み、ものごとを明確に考えることができる人ですが、自分自身の感情に無関心になりすぎることもあるでしょう。このままでは、不安やいらいらを生み出す恐れがあります。あなたはいったん感情の泥沼に入り込むとなかなか抜け出せないため、〈水〉の元素にやさしく導いてもらい、自分と人が実際に感じていることを受け入れ、頭を冷やす必要があるでしょう。

火

　あなたは活動的で力強く、いつもとても自信があるように見えます。発想の豊かな人でもあり、あなたにとって世界は遊び場のようなものです。あなたは自分の頭の中にあるものとはうまくやっていけますが、ローンや毎日の決まった仕事といった人生の厳しい現実は苦手です。また、プライドが傷つきやすく、煩雑な日常生活に押しつぶされることもあるでしょう。〈地〉の元素の力を借りて、もっと現実的になり、実生活の問題から自分を守り、安定感のある有能な人間になりましょう。

魔法の円の元素

〈風〉、〈火〉、〈水〉、〈地〉の四大元素で守られている〈魔法の円〉は、強力な防御となります。

神秘主義者は、アストラル界に強いバリアをつくり出す、〈心の成分〉からできた〈魔法の円〉の中で儀式を行ないます。彼らは自分が生み出した力を封じ込めるために〈魔法の円〉を利用することが多いのですが、〈魔法の円〉は身を守るための手段にもなります。自分や誰かのまわりや、場所のまわりに〈魔法の円〉をつくれば、霊的にかなり安全な状態にすることができるでしょう。

魔法の円をつくる

すでに説明した身を守る〈泡〉は、〈魔法の円〉を単純にしたものです。好きなだけ大きな〈泡〉をつくって、人差し指、あるいはクォーツクリスタルの小片や滑らかな棒で、その外周をなぞれば、〈魔法の円〉になります。この時、指や道具から光が放たれていると想像しましょう。

最初に〈泡〉をつくることなく、〈魔法の円〉をつくり出すこともできます。丸いラグの上に座れば、〈泡〉があると想像することができるでしょう。この〈魔法の円〉が害のあるものを中へ入れさせない防御になるとアファメーションし、できるかぎりの視覚化と想像力でその力を補強してください。〈魔法の円〉は太陽の進行と同方向に描く必要があります。つまり、北半球では時計回り、南半球では反時計回りです。

守護者としての元素

次の順序で元素をおくことによって、〈魔法の円〉に力を与えましょう。〈魔法の円〉の北に土や石など（〈地〉）をおき、東にスティックタイプのインセンス（〈風〉）、南にろうそく（〈火〉）、西に〈水〉の入ったグラスをおきます（南半球では、〈火〉は北に、〈地〉は南においてください）。こういった元素の力は、あなたを守っ

てくれる強力な守護者です。四方にシンボルをおきながら、それぞれの特別な性質を求め、それが〈魔法の円〉に入ってくるようすを心に思い浮かべましょう。

　瞑想をしたり、チャクラを開いたりといった霊的な儀式をする時や、旅行中など、慣れないベッドで眠る時には、〈魔法の円〉を使って、身を守りましょう。円から出入りする必要がある時には、指で戸口を開け、戻ってきたら閉じてください。〈魔法の円〉を終了する時には、東（〈風〉）から順に元素に感謝し、それぞれのエネルギーをもう一度意識的に吸収しましょう。

　特定の元素の力を高める必要があると感じれば、その元素を象徴する物を使って、〈魔法の円〉の中で呼び出しましょう。適切な方向を向いて、その物に力を与えてくれるように頼んでください。そうしながら、求めている性質が自分のほうにやってくるようすを心に思い描きましょう。声に出して何かを求めてもかまいません。終わったら、感謝を捧げましょう。

　水や土など、儀式に使用したものは、外に捨て、地球に返しましょう。こういった儀式に慣れ、本書でこれから説明するものとの結びつきを学んだら、特定の神を呼び出したり、シンボルやエッセンシャルオイルやクリスタルなど、自分の気に入った何かを利用したりすることによって、儀式を発展させたくなることでしょう。

自然の力をもらう

　日々の生活の中でも、元素を身近に引き寄せれば、力をつけることができることを忘れないでください。〈風〉が必要なら、風の中を散歩したり、凧を揚げたりしましょう。〈地〉が必要なら、ガーデニングをしたり、鉢植えの植物を植えかえたりしましょう。〈火〉が必要なら、焚き火をしたり、暖炉に火を入れたりしましょう。〈水〉が必要なら、泳ぎに行ったり、小川や湖へ行ったりしましょう。元素を楽しく味わい、自然の力と親しくなってください。

気に入った方法で、必要なだけ、生活空間に元素を取り入れましょう。

シンボルに宿る力

シンボルは人が持っている霊的な兵器庫の重要な一部です。重要な意味が込められたシンボルは、象形文字よりずっと大きな役割を果たしています。それは人の深い部分に響いて、人の意識を変えることすらできるのです。多くのシンボルにはひとつながりの連想が宿り、たいていの人に即座に影響を与えます。

　霊的な道のりを歩んでいるか、宗教を持っているなら、その道のりにつながるシンボルが重要なものになるでしょう。瞑想する仏陀の像などのオブジェや像には、大きな影響力があるのです。また、シンボルは、母親のものだった指輪や子供時代のテディベアなど、まったく個人的なものでもかまいません。

主なシンボルとその意味

シンボル	意味
十字架	キリスト教徒にとって、これはキリストの磔による犠牲と贖罪のシンボルですが、もっと古いケルト文化では四大元素を象徴するものであり、〈魔法の円〉の中におけば、先に触れた儀式のための〈魔法の円〉を表します。
五芒星	現代の自然崇拝者たちのお気に入りであり、四大元素とエーテルを表し、女神を象徴しています(ひとつの頂点が上方を向いた五芒星は、女性の体を表します)。また、その形は金星の軌道パターンを示しています。
アンク	上部に輪のついた十字は、古代エジプトを起源とする、生命の象徴です。
円	完成、無限
正方形	保護、堅実
三角形	創造性(母、父、子)。三位一体と子宮の象徴でもあります。

身を守るテクニック 75

シンボルを清める儀式

自分にとって特別なシンボルが何なのかはっきりわからない場合は、次ページのパワーシンボルを見つける瞑想法を参考にしてください。ここでは、図形やアクセサリーなどを自分のシンボルと決め、〈魔法の円〉の中で清めて、神聖なものにする方法を学びましょう。そうすれば、自信が持てるだけでなく、シンボルに目には見えない力を吹き込むことができるのです。

1 コーヒーテーブルか箱を使って、〈魔法の円〉の北側（南半球では南側）に簡単な祭壇をつくってください。祭壇は内なる儀式を行なうところなので、暗く神秘的な場所につくれば最適です。祭壇に石をおき、儀式の間は白いろうそくを2本立ててください。清めるシンボルと一緒に、お気に入りの神の像をおくのもよいでしょう。ワインかジュースに小さなケーキをおけば、完成です。

2 〈魔法の円〉をつくり、シンボルを手に持ち、これは特別なものだとアファメーションしてください。「〈地〉によって浄化されよ」と唱えながら、シンボルを石に触れさせ、「〈風〉によって浄化されよ」と唱えながら、インセンスの煙に当て、次に、「〈火〉によって浄化されよ」と唱えながら、〈火〉の方角にあるろうそくの炎に近づけます。最後に、「〈水〉によって浄化されよ」と唱えながら、水をかけるか、水に近づけます。この作業の一つひとつを行ないながら、元素の性質がシンボルに入っていくようすを心に思い描きましょう。

3 もう一度祭壇に向き合い、純粋で強力なエネルギーがシンボルに入っていっているとアファメーションしてください。供物を食べ飲むことで、感謝を捧げ、祝いましょう。準備ができたら、〈魔法の円〉を片づけ、食べ残しは地球に返しましょう。シンボルは持ち歩き、眠る時や瞑想や霊的な儀式を行なう時には、近くにおいたり、身につけたりしましょう。

パワーシンボルを見つける

自分のパワーシンボルがわからず、ふさわしいと感じるものもなければ、この瞑想を行なって、見つけてください。潜在意識に宿る知恵が、自分にとって力となるシンボルを隠している場合もあるでしょう。それを見つけるためには、自分の内なる神聖な空間に入る必要があります。

パワーシンボルを見つける瞑想法

始める前に、36〜37ページのリラックスの項目をもう一度読んでください。心を穏やかにして、気持ちを落ち着けましょう。歌詞のない静かな音楽を流してもかまいません。

1 わたしは安全だ、わたしの心は穏やかになり、愛に満ちてくるとアファメーションしてください（〈泡〉で自分を包んでもかまいません）。広々とした草地に立っていると想像しましょう。日が暮れ始め、空には満天の星が輝いています。空気は暖かく、そよ風が吹いています。目の前には立派な神殿があり、まだ明るさの残る空に浮かび上がって見えます。

2 その神殿に向って歩いていってください。近づくにつれて、それがいかに堂々としているかがわかります。うす明かりの中、道に沿ってすばらしい像が並んでいることに気づきます。ウィンドチャイムの鳴る音が聞こえ、インセンスの香りがかすかに漂ってきます。あなたはゆっくりと、たしかな足取りで近づいていきます。

3 正面の扉がわずかに開かれ、そこから金色の光が見えます。扉には隙間なくすばらしい彫刻がほどこされています。あなたはしばらく立ち止まります。中からチャントの声が聞こえ、インセンスの芳香がさっきより強くなったのがわかります。あなたは静かに扉を叩きます。すると、まるであなたを招き入れるかのように、扉が内側にさっと滑らかに開きます。

4 神殿に入ると、そこは無数のろうそくによって明るく輝いています。建物の奥から聞こえるチャントが、穏やかさと繊細さはそのままに力強くなっていきます。インセンスの香りは甘く、強く、その煙は凝った装飾のつり香炉から出て、ろうそくの黄金の光の中で渦を巻いています。目の前の大きな祭壇には、2本の巨大な金色の燭台があり、そこに立てられた太いろうそくの炎がゆらゆらと輝いています。燭台の間には、小さな扉がふたついた木製の小箱があります。その扉の前には、黄金の鍵がおかれています。あなたはその小箱に向かって歩き始めます。

5 あなたは期待で胸がいっぱいです。その小箱には、自分にとって特別なものが入っていると知っているからです。祭壇のところまで来たら、お辞儀をして感謝を捧げてから、鍵を取り、小箱を開けます。これはゆっくりと行なってください。

6 小箱の中には、あなたを守ってくれる特別なシンボルが入っています。それを手に取り、胸に抱きしめてください。もう一度お辞儀をして感謝を捧げたら、扉まで

身を守るテクニック　77

戻り、暖かくかぐわしい夜の中へ
と出ていきます。星の瞬く天空の
下で、自分のシンボルを強く抱き
しめましょう。しっかりとした足取
りで歩いて、今この場所へ戻ってく
ださい。

7 ゆっくりと上半身を起こし、体を軽く叩
き、両足を床につけてください。何か食
べたり、飲んだりしましょう。そして、自分
が経験したことをすべて書きとめてください。

8 日常の世界で、身につけたり、持ち歩いたり
できる形のシンボルを手に入れてください。そ
れが無理なら、シンボルの絵を描いたり、
写真を探したりしましょう。シンボルが
何なのか自信が持てなければ、はっ
きりわかるまで、この瞑想を繰り返
してください。あなたのシンボルは
ひとつだけではないのかもしれませ
ん。また、瞑想という内なる旅の中
で、他の何かに気づくこともあるで
しょう。

定期的に瞑想をすれば、自分自身
の内なる力へつながる扉を開くこと
ができるでしょう。

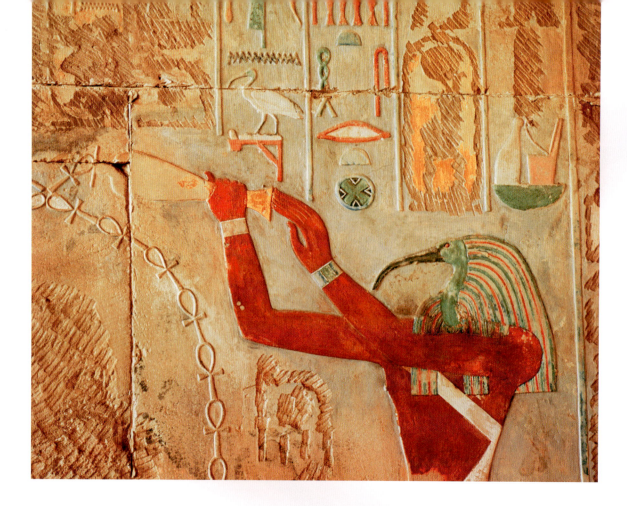

神々

古代の神殿へ行けば、自分を引きつける神を見つけることができるかもしれません。エジプトのカルナック神殿は、それは多くのものを訴えてきます。

何か信仰を持っているなら、神がどんなものなのかすでにおわかりでしょう。けれども、宗教が何であれ、別の神々を役立てることができます。なぜなら、あなたは愛情や尊敬や心の平安のために彼らのエネルギーを求めるのであり、彼らを神として信仰するわけではないからです。いろいろな神々をひとつの神の別の姿だと考えたり、別々の力としてとらえたりすることもできるでしょう。いずれにせよ、神々に霊的に身を守ってくれるよう頼むことはできるのです。

キリスト教の聖人たちは、太古の神や女神たちの特徴を備えていることが多いものです。たとえば、聖ブリジッドにはケルトの女神ブライドとの共通点がたくさんあります。また、天使やスピリットガイドといったものはすべて、人間を霊的に守るための存在です。こういったものは、呼ばれれば姿を見せ、人間を守る霊的な力なのです。

自分の神

　自分だけの特別な神を持てば、おおいに心が休まるでしょう。なぜなら、神とは宇宙の力が人間の姿になって現れたものだからです。自分の神や女神がはっきりわからなければ、76〜77ページの瞑想法を利用して見つけましょう。内容を少し変えて、小箱をカーテンのある聖堂にしてください。この場面では、カーテンが開いて、あなたの神が姿を現し、もしかするとメッセージか贈り物を与えてくれるかもしれません。もしそうなったら、その神に感謝を捧げ、敬いましょう。

　自分の神や女神の小像か絵を手に入れ、自宅の安全な場所においてください。そして、時々、神の前でインセンスを焚いたり、花を飾ったりして、関心と敬意を示しましょう。こうすることで、あなたはその神が持つ力を招き入れ、自分の人生に現れるようにしているのです。

神に保護を求める

　〈魔法の円〉の中で霊的に身を守る儀式を行なう時は、祭壇に神の像をおきましょう。神や女神につながるシンボルや植物などを調べ、利用することで、その存在をより強く呼び出しましょう。また、メダルやクリスタルなど神を象徴するものを持ち歩いたり、身につけたりしてください。自分を神に近づけると思われることは何でもし、自分が必要とすれば、神は一緒にいてくれると考えましょう。

　好戦的なマルスや不和の女神エリスなど、ネガティブなものとしてとらえられている神々を敬うのも名案かもしれません。こういったものはたしかに存在し、はっきりした目的を持っているからです。たとえば、勇気が必要な時には、マルスが力になってくれます。戦いが避けられない時には、その戦いが正々堂々と行われ、勝敗がはっきり出るようにマルスに頼みましょう。また、自分の行動が問題を起こしそうな時には、エリスを敬い、すべての人の意見と気持ちを明らかにしてくれるように頼みましょう。自分の中にこういった神々が存在すると思えば、彼らを敬うのもよいでしょう。このようにしていれば、自分がおかれた状態を理解しつつ、うまくバランスを取りながら、彼らの力を表に出すことができ、彼らをコントロールしているとか、逆にコントロールされているとかいう事態にはなりません。

　どの神や女神も、役に立つ特質と自分だけの専門領域を持っています。彼らを敬えば、人生の変化も難なく乗り越えることができます。これは古代人がよく知っていたことであり、善悪で判断すべきことではありません。こういったものは自然の力であり、何ごとにもバランスが大切だということを意味しています。そして、このバランスこそが力の基盤となるのです。

80 身を守るテクニック

神を選ぶ

これから6人の神と女神と、彼らとつながりのあるものを挙げていきます。あなたの役に立ちそうなさまざまなテーマを網羅できるように選びました。自分と本当に結びついていると感じる神を見つけたければ、これを読み、さらに自分でくわしく調べてください。時間をかけて、じっくり考えましょう。通りの名前を見たり本を読んだりしているとよく目に飛び込んできたり、つねに引きつけられたりするような聖人や神話上の人物や神はいないでしょうか？ もしいれば、その力があなたに近づこうとしているのかもしれません。視野を広くして探してみてください。

ヴィーナスはもっとも愛されている女神のひとりであり、その力を借りれば、恋愛関係を守ることができます。

イシス

このエジプトの女神は、女性の神の典型です。彼女は愛人であり、妻であり、母であり、未亡人であり、創造性の守護者であり、麦畑や海や王宮を司っています。ファラオでさえ、彼女の許可を得ながら統治していました。イシスは、威厳を保ちながらも女性らしさを失わず、いくつもの仕事を同時にこなすという、すばらしい女性の力を持っていたのです。

つながりのあるもの：アンク、王座、ルビー、サファイア、オリーブ、スイセン、フクロウ、ライオン、ミルラ、ヒマラヤスギ

トト

エジプトの知恵の神トトは、公平で慈悲深く、何ごとも客観的に見て、正確に行なうことができます。トキの頭をした姿で現されるトトは、ヒーラーであり、イシスの魔術のパートナーです。生々しい感情から逃れたい、広い視野を持ちたい、明確に考えたいと思っているなら、おおいに役立つ神でしょう。

つながりのあるもの： 筆記用具、ファイアオパール、アーモンド、巻物

ヴィーナス

　愛の女神としてよく知られています。激しい情熱という危険をもたらす一方で、恋に落ちた者たちを気遣います。発展しそうな恋愛関係を守ってくれるでしょう。美しく官能的なヴィーナスは、自分の体を尊重し、満足させる手助けをしてくれます。

つながりのあるもの： 装飾品、鏡、エメラルド、トルコ石、白鳥、バラ、銀梅花

ジュピター

　ローマ神界の主神であり、英雄であり、幸運と笑い、富と権力をもたらします。楽観的でポジティブになり、個性を活かして自分らしく生きたいのなら、ジュピターはすばらしい味方です。また、勇敢で一生懸命に行動する人にとっては、特に強力な保護者となってくれるでしょう。

つながりのあるもの： ルーレット盤、稲妻、アメジスト、鷲、クローブ、セージ

観世音菩薩

　仏教の女神であり、中国の神々の中でもっとも強い力を持っています。人間をおおいに愛し、平和と理解をもたらします。やさしく、保護を与えるだけでなく、無限の知恵を持った存在でもあり、瞑想している人や、善行を施そうとする人を守ってくれます。

つながりのあるもの： 子供、蓮、ユリ、ライオン、ヒスイ

観世音菩薩が与えてくれる心の平安と慰めに勝るものはありません。観世音菩薩は人間の守護者なのです。

ケルヌンノス

　角を持ったケルトの神であり、森の獣たちを守っています。狩人の神でもあり、狩人と獲物がそれぞれの役割を果たしている生命のサイクルの守護者でもあります。自然に近づいた時に、言葉では言い表せないような心の平安と一体感を感じさせてくれます。また、自然の法則を破壊しようとする者から、あなたを守ってくれます。

つながりのあるもの： 角、石、モスアゲート、雄鹿など角のある動物、パチョリー

パワーアニマル

部族文化に生きているシャーマンや魔術師たちには、たいていパワーアニマルがついていて、幽体離脱中に守ってもらったり、力を与えてもらったりしています。そこに存在するのは動物の精霊ですが、本物の動物がその象徴として姿を現すのもめずらしいことではありません。パワーアニマルは、自然界に特有の強力なエネルギーをもたらしてくれるものです。自分にとって特別な動物を見つけることができれば、人生に立ち向かう時に力強い味方となってくれるでしょう。

パワーアニマルを見つける瞑想法

1. 自分のパワーアニマルがはっきりわからなければ、76〜77ページの瞑想法を行なって見つけましょう。神殿の代わりに、森へ向かっていると考えてください。森に入ると、枝を絡ませ、地下深く根を伸ばした、太古の樹木が立ち並んでいます。

2. 下生えの中を進んでいくと、広々とした草地へ出ます。そこには、枝を低く垂れ下げた1本の巨木が立っています。洞窟や、穏やかで広々とした湖も見えます。

3. 森の獣たちが立てる物音と、鳥のさえずりが聞こえてきます。土の香りがし、緑樹から強い草の匂いが漂ってきます。自分のパワーアニマルがやってくるのを心静かに待ちましょう。やってきたら、話しかけ、行動を共にし、それが導くところへついて行ってください。

4. 終わったら最初の場所へ戻り、「ありがとう」と言って丁寧に別れを告げ、森から歩き去り、今この場所へ戻ってください。49ページの「チャクラを閉じる方法」で説明したように、地球とつながり、心身のバランスを取るのを忘れないでください。

5. いったんパワーアニマルを見つけたら、それをかたどった人形や像を探し、霊的な儀式の時に近くにおいたり、守ってもらいたい時にアクセサリーとして身につけたりしま

しょう。地面で見つけたフクロウの羽など、偶然手に入れた動物の一部を持ち歩くのもよいでしょう。また、むずかしい状況に陥ったら、パワーアニマルに一緒にいてくれるように頼んでください。ぬいぐるみのクマを横においたり、肩にワシをとまらせたりすれば、強さと自信を感じることができるでしょう。

求めている性質を象徴する動物をすでに選んでいることもあります。動物の性質が必要なことに気づいて、「雄牛の強さがあれば、わたしにもできるのに」、「キツネのように狡猾にならなくては」などと言っているのかもしれません。自分が求めている動物に驚く場合もあるでしょう。ネズミやカエルよりも、ライオンやワシだったほうがずっとわくわくするでしょう！

パワーアニマルはトーテム（訳注／族霊。アメリカ先住民が種族の象徴として神聖視する動植物または自然物）とは別のものです。たとえば、家族がずっとシャム猫やラブラドル犬をかわいがってきたとしたら、その動物はあなたの一族の象徴となっているでしょう。それがあなたのパワーアニマルであることもありますが、よく考えてから決めてください。その動物のエネルギーは、本当にあなたが求めているものですか？　そうでなければ、他を探しましょう。

動物	象徴的な意味
フクロウ	知恵
雄鹿	自尊心、独立心
熊	力、直観
狐	狡猾さ、如才なさ
鷹	高潔さ、記憶
犬	導き、保護
猫	守護、よそよそしさ、官能性
カエル	敏感さ、隠れた美しさ
カラス	出発、保護
白鳥	愛、美
狼	直観、探検、学び、教え

動物	象徴的な意味
ヘビ	癒し、変容
鷲	勇気、先見の明
雌豚	育成、新しい目的
雄牛	可能性、富
雄羊	成果、飛躍
ウサギ	直観、再生
サケ	知恵、知識
ミツバチ	勤勉、組織力
カワウソ	喜び、遊び
馬	旅行、土地に宿る力

クリスタル

霊的に身を守りたい時、クリスタルはすばらしい味方になってくれます。何百万年もの年月をかけてつくられたクリスタルは、永遠の知恵を与えてくれるものです。どれをとっても原子構造は左右対称です。物静かな印象を受けますが、実は見えないエネルギーの源なのです。クリスタルが持つエネルギーの特徴はそれぞれ異なりますが、霊的に身を守るための効果はたいていどのクリスタルにもあります。長い間、クリスタルには治療効果や霊的な効果があると信じられてきました。また、力と神の恵みの通り道であるとも考えられています。ただ集中力と可能性を引き出してくれるものだと考えてもかまいません。目的が何であれ、あなたのための特別なクリスタルがあるでしょう。

クリスタルに宿るエネルギーにはさまざまなものがあり、それを知っておけば、けっして無駄にはなりません。

クリスタルを選ぶ

それはさまざまな種類のクリスタルが安価な磨き石（訳注／原石を研磨し、表面をなめらかにしたもの）として売られていますが、霊的に身を守るためのクリスタルを選びたければ、まずどんな感じがするものがほしいのかをはっきりさせておきましょう。そして、選ぶ時にその感じがするかどうかを見極めるのです。それを手にした時に、体に走る感覚やわき上がってくる感情に注意しましょう。クリスタルのほうが人を呼ぶことが多いようです。けれども、心配しないでください。間違えることなどありません。ほかのクリスタルより、自分にぴったりのものがあるはずです！　クリスタルに触れる時には敬意を払うことを忘れないでください。マラカイトやオブシディアンなど、扱いがむずかしいエネルギーを持っているものもあるからです。また、そのクリスタルのことがよくわかるまでは、近くにおいて眠ったりはしないでください。

クリスタルを浄化する

クリスタルを手に持ち、小川の水（あるいは水道の流水）をくぐらせることで、浄化しましょう。あるいは、アメジストの塊の上にひと晩おいたり、それが白い光のシャワーを浴びているようすを視覚化したりしましょう。保管する時にはビロードの布で丁寧に包み、両手で持って愛情のこもった生命力を送り込むことで、自分自身のエネルギーを充電してください。

流水を利用すれば、クリスタルを浄化することができます。

クリスタルで身を守る方法

1 自分を守ってくれるようにクリスタルをプログラミングするには、〈魔法の円〉をつくり(p.72-73を参照)、〈地〉の方角を向いて真ん中に座り、自分の前にクリスタルをおき、その横に大きな白いろうそくを立てます。

2 ろうそくに火を点し、その光が広がっていくのを見つめながら、クリスタルから光が放たれ、自分のまわりに身を守るための球をつくり出していくようすを心に思い描いてください。その光の球がしっかりと機能していると感じたら、それがクリスタルに再吸収されていくようすを想像し、ろうそくを消し、クリスタルの精霊に感謝を捧げましょう。

3 安心感を求めているなら、そのクリスタルを持ち歩き、特に身を守る必要性を感じた時には、それが光の球を放っているようすを思い描きましょう。そのあと、光の球を再吸収させることを忘れないでください。そうしないと、役に立つエネルギーまで跳ね返すことになりかねないからです。

クリスタル	効用
ブラッドストーン	機知を与え、健康を守り、地に足のついた有能な人間にしてくれます。
カーネリアン	勇気と活力を与えます。
カルセドニー	ポジティブな考え方と人生の信念を与えます。
ガーネット	力とエネルギーを与えます。
ヒスイ	判断力を与え、友人を引きつけます。
レッドジャスパー	自分自身に正直になり、対立に正面から向き合う力を与えてくれます。また、魅力も与えてくれます。
ジェット	邪悪なものを追い払い、自制心を与えます。
ラブラドライト	霊的な防御を与え、他者の信念が及ぼす悪影響から守ります。
ラピスラズリ	苦痛や残酷な言動を追い払います。
マラカイト	財産を守り、危険を知らせます。違和感があれば、体から離しておきましょう。
オニキス	支えを与え、秘密を守ります。
スノーフレーク・オブシディアン	ネガティブなエネルギーを吸収し、恐怖心そのものに対する脅えを取り除きます。

木と植物と花

植物はそれぞれ独自の特徴を持ち、その多くは人が身を守るための兵器庫に加えることができるものです。『浄化テクニック』の章では、香りとインセンスが持つ力について学びました。浄化を行なうものならどんなものでも、害のあるもの、ネガティブなものを追い払う働きがあるため、防御力も備えています。香りは人の気分を簡単に変えることができますが、植物が持つ防御力を利用するために、その香りを嗅ぐ必要はありません。

フラワーレメディ

植物の神秘的で微細な効用を知りたければ、バッチフラワーレメディを使ってみましょう。これは植物が放つ微細なエネルギーを利用して、精神状態を改善させる治療法ですが、身体的な症状も改善してくれます。これはエッセンシャルオイルとは別のもので、植物性の材料をただ濃縮させたものです。バッチフラワーレメディはブランデーを加えて保存したもので、内服することができます。コップ1杯の湧き水にレメディを2滴加え、間隔をおいて少しずつ飲んでください。

植物の神秘的で微細な効用は大切にすべきものです。それに気づきましょう。

小さな儀式

安心して暮らすために、植物や木を使って行なう小さな儀式はたくさんあります。どれも伝承に基づいたものです。

- 身の安全のために、各部屋にバジルの小枝をおく。

- 月桂樹の木を家の近くに植えれば、病気を防ぐ。家の中にその小枝を吊るせば、ポルターガイストを追い出してくれる。その葉を持ち歩けば、あらゆるものから守ってくれる。

- 四つ葉のクローバーを見つければ幸運の印だが、ふつうの三つ葉のクローバーは魔よけになる。

- 旅行中にコンフリーを持ち歩けば、災い避けとなり、スーツケースに葉を入れておけば、盗難避けになる。

- ニンニクは非常に強い魔よけになる。家の周囲に吊るしておけば、邪悪なものを撃退し、鍋にすり込んでおけば、食べ物の中の悪いものをすべて追い払ってくれる。

- ナナカマドの木は、まわりの家を守る。

- ミントを屋内においておけば、家を守ってくれる。

- ナラの木の小片を持ち歩けば、身を守り、幸運を招く。ドングリは創造性を促してくれる。

これを1日数回繰り返します。チェリープラム、クレマチス、ロックローズ、インパチエンス、スターオブベツレヘムのエッセンスを組み合わせたレスキューレメディを使えば、ショックを和らげることができます。これは薄めないで飲んでもかまいません。エッセンスを空気中にスプレーしても、同様な効果が得られます。

レメディ	効用
レスキューレメディ	ショックを受けたり、動揺したりした時、気持ちを落ち着かせてくれます。
ラーチ	うつ状態や劣等感を追い払います。
クラブアップル	自己嫌悪を感じている人を浄化します。
ホリー	怒りや嫉妬や敵意といったネガティブな感情を強力に追い払います。
ウォルナット	変化の時に大きな保護を与え、目には見えない攻撃から守ります。あらゆる種類のネガティブな関係を絶つことができます。
アグリモニー	本当の感情を隠している人、心の痛みを和らげるために薬物などの刺激を求めている人を救います。
セントーリー	臆病な人、心配性の人、人の言いなりになる人を励まします。
スィートチェストナット	苦悩や絶望を和らげます。
スターオブベツレヘム	恐怖とショックを和らげます。
ロックローズ	恐怖感とヒステリー状態を乗り越えさせます。
ミムラス	高所恐怖症など身体的な恐怖感を和らげます。
チェリープラム	精神的におかしくなるのではないかという恐れを和らげます。
アスペン	漠然とした不安や恐怖感を和らげます。
レッドチェストナット	人への気遣いをバランスの取れたものにします。
ゴース	絶望を和らげます。

見知らぬ人たちと個人空間を共有しなければならないのは、不快なものです。

街の中で身を守る

　人がひしめき合う都会や人の多い場所では、霊的な感覚やオーラはつねに攻撃にさらされています。もちろん、見知らぬ人が実際に暴力を振るってくることもあるでしょう。けれども、わたしたちが本能的に感じ取っているのは、見知らぬ人の思考や感情という目に見えないものです。交通機関の中で人びとが互いに視線を避けるのは、このためです。誰かとすぐ近くまで接近しなければならない時には、人は互いを見ないことによって、自分を外部から遮断しているのです。これは身を守るひとつの形ですが、独りぼっちで心細いと感じることもあるでしょう。

　小さな町では、犬を散歩させている見知らぬ人に「こんにちは」と挨拶したり、通りで出会った人びとに微笑みかけたりすることはふつうのことです。けれども、こういった行動は都会ではあまり見られません。大都市の生活に慣れている人なら、こんな場合の対処法を本能的に身につけているのでしょう。けれども、それが自分に与えている代償には気づいていないのかもしれません。

街中での対策

　列車やバスの中など公共の場では、腕や足を組みましょう。これは昔からある防御を示すサインです。注意を心の中へ向け、楽しい思いつきや幸せな思い出、愛する人たちのことや将来の明るい計画など、あれこれ考えましょう。外出前には、身を守る〈泡〉をつくってください。それがうまく機能しているなら、今度はそこからスパイクが突き出てくるようすを思い描きましょう。それは誰かを傷つけるような鋭いものではなく、触ると感電する小さな突起で、害を及ぼす

どんなものに対しても、近づくな、と警告してくれるのです。

当然のことですが、人込みにいれば、あなたのオーラには誰かが侵入してきます。そのため、自分のまわりにはオーラの〈泡〉があり、侵入しようとする者があっても内側に凹むだけで影響を受けることはなく、まわりに空間ができたらすぐに跳ね返しているとアファメーションしてください。けれども、もう安全だとわかったら、〈泡〉のエネルギーを再吸収するのを忘れないでください。これを忘れると、あなたと他の人たちの間にバリアができ、愛情や思いやりといったよいものまで跳ね返してしまうからです。多くの見知らぬ人たちにさらされて帰宅したら、入浴するかシャワーを浴び、ネガティブなエネルギーを洗い落としているようすを視覚化し、さらにそれをアファメーションしてください。

匂い袋をつくる

特別に身を守りたい時には、ハーブの匂い袋をつくりましょう。裁縫が得意なら、〈魔法の円〉か四角の形にしましょう。どちらもバランスと完全を意味するものだからです。あるいは、円いフェルトをリボンか紐で縛って、袋の形にするのもいいでしょう。ハーブは好みの香りのものにして、気分を変えたい時に匂いを嗅ぎましょう。心の平安のためには青色、心を癒し、慰めるためには緑色、堅実さと安全のためには茶色、励まし、元気づけるためにはオレンジ色のフェルトを選びましょう。

ハーブは、心の平安のためにはラベンダー、やる気を出すためにはオレンジピール、明確な思考のためにはローズマリー、何か不快なものを追い払うためにはからしの種子を入れてください。〈魔法の円〉の中にこういった材料をすべて集め、ポジティブなことを考えながら匂い袋をつくりましょう。音楽をかけてもかまいません。自分の神に匂い袋を清めてくれるように頼み、混雑した場所で安心したい時にはいつでも持っていきましょう。

身を守るためにハーブの匂い袋をつくれば、慌しい世の中で慰めを与えてくれます。

職場で身を守る

デスクにクリスタルをおけば、守られていると感じることができ、また、コンピュータの電磁波対策にもなります。

誰でも自分の力を出し切るためには、安全で平和な環境が必要です。人は人生のかなりの部分を職場で過ごすのに、そこで惨めな時間を送らなくてはならないとしたら、たいへん残念なことです。また、衝突の多い環境で創造的になることなどできないでしょう。

安心できる空間をつくる

　オフィスで働いているのであれば、自分のまわりで起こることをコントロールすることはできないため、クリスタルをプログラミングして、安心できる安全な空間をつくるようにしましょう。クリスタルは使いやすい形で、ふさわしいと感じられるものを選んでください。デスクに余裕があれば、かなり大きめのクリスタルボールを買うのもよいでしょう。目立たないものがよければ、小さなクリスタルや身につけられるタイプのものを選んでください。移動の多い仕事なら、後者が最適な選択でしょう。〈魔法の円〉（p.72-73を参照）の中でクリスタルをプログラミングしますが、職場の環境で自分を守ってもらうことを強調してください。そして、こう言ってください。「清らかなクリスタルよ、あなたに祈ります。わたしが働いている時、害のあるものを寄せつけないでください」

　そう言いながら、クリスタルから光が放たれ、あなたを取り囲み、害のあるものをすべて追い払っているようすを心に思い描いてください。そして、その光がクリスタルに再吸収されていくようすも想像しましょう。これを難なく行えるようになるまで、何度か繰り返してください。職場でこの防御が必要だと感じたら、小さな声で前述の言葉をつぶやいて、クリスタルに役目を果たしてもらいましょう。感謝を捧げることと、光の球をクリスタルに再吸収させることは、忘れることなく、必ず行なってください。

人前で安心して話す

　人前で話す時や、職場でプレゼンテーションを行なう時にも、同じテクニックを使うことができます。クリスタルはあなたを守るために光の球を放ちながら、微笑みや賞賛を引きつけてくれるでしょう。時間を取って、〈魔法の円〉の中でクリスタルを手に静かに座りながら、そのようすを心に思い描いてくださ

い。話し始める前には、クリスタルに触れ、じっと見つめましょう。また、自分の光の球はきちんと機能しているとアファメーションしてください。時々、小川の水や湧き水でクリスタルを浄化してください。一生懸命働いてくれているのですから!

　運悪く、強引で、人の話を聞かず、無神経な人と働くことになったら、一番よいのは逃げ出すことです。そこでがんばることには何の価値もなく、がんばったところで何かを証明できるわけではないからです。けれども、何かの事情で逃げ出すことができないのなら、次のことを試しましょう。黒いろうそくと黒い糸、白い紙と黒ペンを用意してください。いつものように〈魔法の円〉をつくり、黒いろうそくに火を点します。紙にペンであなたを苦しめている人の名前と、その人がどんな行動をしているのかを書きます。次の言葉を唱えながら紙を巻物にして、糸で縛ります。「わたしはこの糸であなたを縛ります。もう害を及ぼすことはできません」少なくとも3回は唱えましょう。〈魔法の円〉を片づけたら、巻物を冷凍庫に入れ、必要なだけそこにおいておきましょう。

糸で縛る儀式は、誰かに苦しめられている時に効果のあるものですが、あなたに害は及びません。

恋愛関係を守る

相手が解放されたいと願っている関係を守ろうとすることは、大きな間違いであり、逆の結果を招いてしまいます。けれども、互いにその関係を育てていきたいと心から願っているなら、現実の世界だけでなく、人の目には見えない次元でもうまくいくようにしたほうがよいでしょう。

〈恋愛関係の円〉を見れば、ふたりの関係をどれほど大切にしているのかがわかります。

〈恋愛関係の円〉

この儀式では、家の中にかなり大きな掲示板を吊り下げることが必要です。掲示板に刺繍枠をピンで留め、濃いピンク色、あるいはあなたにとって愛情と思いやりを意味する色に塗ってください。恋人との楽しい思い出の品をできるだけ集め、それを刺繍枠のまわりにピンで留めましょう。互いがやり取りしたカードや劇場のチケットや写真など、自分が気に入っているものなら何でもかまいません。また、ただかわいく、ロマンチックだと感じるものを飾ってもよいでしょう。

4で割り切れるもの

刺繍枠にリボンを何本か張って、刺繍枠を等分します。いくつに分割するのか、それをどう使うのかを決めていきますが、できれば4か8か12など、4で割り切れる数にして、〈魔法の円〉の四大元素と同調させましょう。そうすれば、あなたの〈恋愛関係の円〉はバランスと完全を意味するものになります。また、それによって自然に、〈風〉（話し合う時間、興味の共有）、〈火〉（喜び、情熱）、〈水〉（寄り添うこと、愛情、互いの悩みを聞くこと）、〈地〉（お金の問題を解決すること、家事をすること）を手に入れることができるでしょう。

あるいは、過去1年を割り当て、月毎に一緒にしてきたことをすべて象徴的に表してもよいでし

身を守るテクニック　93

ょう。独創的なものにしてください。バランスが取れ、ふたりが楽しめるものであれば、どのようにつくってもかまいません。大切なことがあった日や、何かの記念日など、特別な日には、掲示板の近くにろうそくを点し、掲示板に何かを加えて、あなたなりの方法でお祝いしてください。

忘れられない絆を断ち切る儀式

　別の種類の防御が必要となることもあるでしょう。それは以前恋愛関係にあった人のことを、なぜか忘れられない場合などです。どちらに落ち度があったにせよ、ここでの目的は、その絆を断ち切ることです。

　準備するものは、元恋人の写真か、何かその人を象徴するもの（紙切れに名前を書いたものなど）と、あなたの写真か象徴するもの、黒い糸、ラブラドライト、乾燥させたバラの花びらです。元恋人の写真を巻いて、糸で縛り、その糸の端をあなたの写真を縛った糸の端に結びつけ、こう唱えます。「わたしは、わたしとあなたの間にある絆を断ち切ります。離れて、幸せになれますように」それから、ふたりを結びつけている糸を切り、元恋人の写真から延びている糸にバラの花びらを絡ませながら、その写真に巻きつけます。それを耐熱性の容器の中で燃やし、その灰は外へ捨ててください。あなたの写真には、バラの花びらとラブラドライトを絡ませながら糸を巻きつけ、どこか安全な場所に必要なだけおいておきましょう。これを好きなだけ繰り返してください。ラブラドライトはその度、浄化してください。

　こういった儀式はどれも、誰かの自由意志や人生の道のりに悪影響を及ぼすことを目的にはしていません。ただ、あなたの安全と自由を守るためのものであることを覚えておきましょう。

効果的な儀式を行えば、そのメッセージはあなたの潜在意識に、強く、はっきりと伝わります。

94　身を守るテクニック

子供とペットを守る

子供や最愛のペットを守ることは、あなたにとって自分自身を守ることよりずっと大切なことなのかもしれません。自分の愛情を間違いなく愛する者たちに寄り添わせて、彼らを守る方法がいくつかあります。

> バッチフラワーレメディは、穏やかな効き目ながら、身を守る効果の高いエッセンスです。自分で効果を高めておけば、特に効きます。

猫を守る

おそらく猫は、守るのが一番むずかしい動物でしょう。とても自由で、気ままに行動するからです。猫を守るためには、猫の頭を持つエジプトの女神ブバスティスの小像を手に入れましょう。それを小さな棚に飾り、その真下にその猫の毛を少しおいてください。そして、ブバスティスに猫を見守ってくれるように頼みましょう。時々供物として、小像の近くにオイルバーナーをおき、オレンジやシナモン、フランキンセンスのエッセンシャルオイルを温め、香らせてください。

バッチフラワーレメディの効果を高める

効果を高めたバッチフラワーレメディを、子供や猫や犬に塗ることもできます。ウォルナットやセントーリーを選ぶとよいでしょう。グラスに入れた少量の水にレメディを数滴落とし、〈魔法の円〉の中に座り、両手でグラスを持ちます。子供やペットが守られ、幸せで、微笑み、安全であると想像してください。そして、そういったよい気分やよいイメージが、そのレメディに入っていくようすを心に思い描きましょう。そのあと、そのレメディを子供やペットの額に少し塗ります（これは小さな赤ん坊に行なってもかまいませんが、目に入らないようにしてください）。十代の子供たちが嫌がるようなら、彼らが見ていない時に衣類に塗っておきましょう！

パワーアニマルを送り込む

　子供のことを特に心配しているなら、パワーアニマルを呼び出して、子供と一緒にいてもらいましょう。82～83ページで説明したように、視覚化を行なって、パワーアニマルに会ってください。会いたいのは子供を守ってくれるパワーアニマルであるため、広々とした草地に自分のパワーアニマルと違うものが現れ、近づいてきても、驚いてはいけません。

　それが穏やかで愛情に満ちたものであるかどうかたずね、その答えが満足なものであることを確かめてください。そして、そのパワーアニマルに子供を見守ってほしいと話し、自分と一緒に来てくれるかどうかたずねましょう。同意してくれたら、一緒に森の草地を出て、日常の世界へ戻ってください。次に細心の注意を払いながら地球とつながり、心身のバランスを取りましょう。なぜなら、あなたはスピリットアニマルを連れてきたために、ぼんやりしているかもしれないからです。草の上を裸足で歩いたり、食事をしたりするとよいでしょう。

　子供の身近な場所にパワーアニマルの写真をおいたり、視覚化したり、その匂いを嗅いだり、声を聞いたり、感触を感じたりすることで、パワーアニマルの存在を強化しましょう。感謝を捧げ、敬うことを忘れないでください。感謝の印として、現実の世界のその動物に役立つ何かをしましょう。その役目が終わったら、もう一度内なる旅に出て、パワーアニマルを森の草地へ帰し、最後のお礼と共にお別れを告げてください。

子供たちは、本能的に自分を守ってくれるシンボルを持ち歩くものです。そういったもののカを高めることもできます。

守護天使

　小さな子供たちは霊界のすぐ近くにいるため、守護天使も近くにいます。宗教が何であれ、天使に祈り、賢い選択ができるように導いてほしいと頼みましょう。お気に入りのおもちゃにも、精霊が宿っていることが多いものです。そう考えれば、テディベアはあなたが思っているより、ずっと重要なものなのかもしれません！

聖クリストファーの肖像は、長い間、多くの旅人たちを守ってきました。

旅行中の安全

旅人の守護聖人である聖クリストファーのメダルは、旅行中の安全を願って身につけられることが多いものです。それは、どんな宗教を持っている人にとっても、力強い安全のシンボルです。重要なのは宗教上の教義ではなく、彼が持っていた意志と愛情なのです。聖クリストファーのメダルを身につけたら、白いろうそくに火を点して、メダルを握りながら、聖人に自分を守ってくれるように頼んでください。そして、彼の慈悲深い存在が、旅を安全なものにしてくれているようすを心に思い描きましょう。お礼をするのもよいでしょう。感謝の印として、小額でよいので、人の命を救う慈善事業に寄付しましょう。

安全運転

　車の安全のためには、家と同じ方法で車を浄化してください（p.54-55を参照）。車内を四大元素のシンボルを持って回りながら、清めます。故障することなく軽快に滑らかに走るために〈風〉に祝福を願い、〈火〉に力強さと敏捷さを願い、〈水〉に快適さと安全な旅を願い、〈地〉にはたしかな保護と信頼性を願いましょう。

　さらに、車内に自分のシンボルや自分で選んだクリスタルをおいてください。そして、車のまわりを四大元素を持って回り、自分の車はあらゆる方法で、あらゆる方向から守られているとアファメーションしましょう。車の前部、後部、両サイド、屋根、そして、車体の下に、人差し指で自分のシンボルを描きましょう（届かない部分は、視覚化かアファメーションをしてください）。けれども、自分の能力に確信がないかぎり、車のまわりに防御の〈泡〉をつくるのはやめておきましょう。まわりのものを感知する能力が低下してしまうからです。

アクセサリーづくりは身を守る効果の高い儀式であるだけでなく、気分を落ち着かせてくれます。

家の快適さと一緒に旅に出る

長い旅に出る時、特にそれがどんなものになるのかわからない時には、小さな儀式を行なって、家に宿る暖かさと安全を一緒に持っていきましょう。

1　さまざまな色のビーズと、それに通す紐を1本用意して、簡単なブレスレットをつくりましょう。紐は伸縮性のあるものがよいでしょう。紐の色は茶色か深緑色にしてください。

2　自分の部屋の快適さや、家族、本、音楽など、自分が価値をおいているあらゆるものに思いをはせてください。そういったもの一つひとつに対して、ビーズをひとつずつ選びます。赤色やピンク色のビーズは愛情、青色のビーズは本のような励ましを与えてくれるもの、緑色は庭を象徴しています。次の言葉を唱えながら、紐にビーズをひとつずつ通しましょう。「これを＿＿＿と名づけ、わたしを守り、祝福してもらうために一緒に連れていきます」ブレスレットができたら、紐をしっかりと結びましょう。手首につける前に両手で持ち、こう唱えてください。「我が家が一緒に来て、わたしを守ってくれます。わたしはすぐに我が家に帰ってくるでしょう。どうぞ祝福をお与えください」

ポジティブな
エネルギーを引きつける

　自分自身を守ることに集中している時には、ネガティブな力、つまり、脅威として感知しているものをじっくりと観察し、どう立ち向かえばいいのかを考えるものです。強い防御力を持つのはたしかによいことですが、害を及ぼす力に打ち勝つという経験も必要です。あまりに簡単に追い払うことができてしまえば、ポジティブな方法で対応することを忘れてしまうからです。

　喜びや笑いや愛情にあふれた意欲的な人生を送っていれば、悪いものが取りつきにくくなるものです。実際、霊的に身を守ることなど、まったく必要としない人たちもいます。そういう人たちは本質的にとてもポジティブであるため、害になりそうなものも歯が立たないのです。

　とは言っても、「ポジティブに考えましょう!」と言うのはとても簡単ですが、実際にはそれほど簡単にはいかないものです。悲しいことに、ニューエイジ思想を持った人たちの中には、エリート意識が高く、聖人ぶった人たちがいて、人のことをネガティブだとか、現世的だとか非難することがあります。でも、これはあんまりでしょう。ひとりの人間がそれまでの人生でどんなことに立ち向かってきたかなど、他人にわかるわけがないからです。それだけでなく、ネガティブなものを否定して、抑えつけようとするのは、精神的にとても不健全なことなのです。けれども、できるかぎりポジティブになるようにするのは、もちろんよいことです。そうすれば、人生をより楽しむことができ、楽天的な考え方をすることで人生を根本的に変えることもできるからです。たとえば、自分自身のそれまで知らなかった側面や新しい才能を発見できるでしょう。

　この章では、よりポジティブに取り組み、新しい習慣を身につけ、新しい考え方を学び、さらには霊的な存在や祝福についても考えていきます。もし、これまでずっとひとつの考え方に慣れ親しんできたのなら、すぐに別の考え方を受け入れることはむずかしいかもしれません。けれども、変化を起こすこと、より大きな喜びを見つけること、人生を祝福で満たすことは誰にでもできるのです。

ポジティブシンキング

ポジティブシンキングとは、明らかによい状態ではないのに、よい状態であるふりをすることではありません。それは、自分のまわりによいことをできるかぎりたくさん見つけることです。さらに、ポジティブシンキングとは、悲しみや喪失感や怒りといった感情を抑えつけることではなく、そういった感情を十分にかみしめ、そこから何か行動を起こしていくことです。そして、そのあとにその感情を手放し、よりよいものが自分に向って流れ込んでくるようにするのです。

ポジティブに考えるようにすれば、創造性を高め、霊的な健康をおおいに促すことができます。

次のような取り組みをしてみましょう。

- 「悪魔は怠けている者を困らせる」この悪魔とは、もちろんネガティブなもののことです。つねに忙しくしていましょう。やることがなければ、ボランティアをしたり、家を掃除したり、散歩に出かけたりしましょう。気持ちが沈んでいる時などは、なかなかそんな気にはなれないかもしれませんが、少しずつやってみてください。エネルギーとやる気が出てくるにしたがって、どんどん行動できるようになるでしょう。

- 気の滅入るような新聞記事は読まないようにしましょう。ポジティブニュース誌（訳注／イギリス発行の雑誌。世界の未来をよりポジティブなものにするために、ポジティブなニュースを集めて発行している）などを読むようにしてください。

- 折々に鏡に映る自分に微笑みかけ、褒めてあげましょう!

- 1日の終わりに、その日の出来事や見聞きしたことの中から、よいことを3つ書きとめましょう。

- さらに、自分がやり遂げたこと、自分が手助けしたことの中から、よいことを3つ書きとめましょう。職場でみごとに取引をまとめたことや、1章分の原稿を書き終えたことだけでなく、猫をなでてあげたこと、洗濯をしたことでもかまいません。

- 1日の終わりには、詩集やハッピーエンドの小説など、気持ちを引き立て、元気をくれるものを読みましょう。

- 褒め言葉の日記をつけましょう。どれほど取るに足りないものに思えても、誰かがあなたに言ってくれたすてきな言葉をすべて記録してください。

- 自分の幸運について考え、これも書きとめましょう。人生には幸運なことがたくさんありますが、人はそれをた

だ当たり前のものとして受け止めています。たとえば、テーブルに食べ物があること、霊的な攻撃から守られていること、水道の蛇口から水が出ることなど、書き出せば切りがありません。

- 友人や家族に電話して、よいニュースを伝えましょう!

- 友人と一緒に、おおいに笑いましょう。

- セックスをしましょう。間違いなく、人生を肯定することだからです。

- 自分自身に確信を持って言うことのできる、無理のないポジティブなアファメーションを2つか3つ選んでください。惨めな気分の時に、「わたしは幸せよ。幸せなのよ!」と繰り返し言ったところで何の役にも立ちません。けれども、「わたしは、自分を元気づけてくれるものを見つけようとしているところよ!」と言うことはできるでしょう。

- お年寄りの手伝いをするなど、よい行ないをしましょう（けれども、いつも誰かのために何かをしなければならないことが、ネガティブな気分になっている原因のひとつなら、これはやめておいてください）。

- 毎日、自分に小さなご褒美をあげ（1杯のワインやチョコバー、陽だまりに座ることなど）、週に一度は大きなご褒美をあげましょう（マッサージや友人との外出など）。

- 失業など、何か悪いことが起こったら、そこから生まれるメリットをすべて書き出しましょう。短期のメリットと長期のメリット、両方考えてください。たとえば、「よかった。朝早く起きなくてすむ」や、「やりたい仕事に就くための訓練を受けるチャンスかもしれない」といったことです。

催眠療法

考え方を変えることは、誰かの手助けがなければできない場合もあります。けれども、助けを求めることは強さの印であり、けっして弱さの印ではありません。そして、何かがおかしいことを認めるには勇気が要り、それを何とかするためには分別が要るのです。

潜在意識による行動

ネガティブな人生観は、たいてい潜在意識のレベルで生まれます。前ページで紹介した取り組みを行えば、その状態を改善することができますが、潜在意識に直接働きかければ、もっと短期間に結果を得ることができます。そして、これを可能にするのが催眠療法なのです。

催眠術のステージショーの多くが、人を不安にさせるような内容になっていますが、治療を目的とした催眠療法にはそのような要素はまったくありません。それは〈言葉によるマッサージ〉をしているようなものだと言えるでしょう。たいていのセラピストたちは、暖かく心地よい状態で横たわっている患者を、ただ話しかけることによって、リラックスした状態に導いていきます。わたしの場合は静かな音楽を流しながら行ない、自分が言ったことをすべて録音します。そうすれば、患者はそれを家に持ち帰り、毎日聴くことによって、効果をさらに高めることができるからです。

いったんリラックスすれば、潜在意識が開け放たれ、ポジティブなアファメーションを吸い上げることができるようになります。それは、覚醒と眠りの間でうとうととしている、あの気持ちのよい状態とよく似ています。けれども、それは奇妙な神がかり的な状態ではなく、正常な状態です。うとうとしている状態との違いは、精神がちゃんと働いているということだけです。けれども、たいてい効果はとても大きく、人にもよりますが、時間をかけさえすれば、何らかの結果を得ることができるのです。

ポジティブなアドバイス

仰向けに横たわり、リラックスしていると、セラピストがポジティブなアドバイスを始めます。つまり、あなたはもっと自信を持ち、もっと強くなり、もっと幸福になっていくと伝えたり、職場で問題に落ち着いて対処しながら、よい業績を挙げている自分自身を視覚化するように求めたりします。どんな筋書きにするのかは、あなたがどんな状況に対する助けを求めているのかによって変わってきます。一般的にもっとも効果の高いアファメーションは、いつもの考え方からあま

りかけ離れていないものです。たとえば、大きな不安を抱え、パニック発作を起こすような人が、催眠療法の最初のセッションで、あなたは完全にリラックスし、自信を持ち、恐れを知らない人ですと言われたなら、それは現実とはまったく逆であるため、催眠状態から覚めてしまうでしょう。たいていの場合は、「日に日に心が落ち着いてきます」というように、少しずつよくなっていけるように調整していき、そこからに前進していったほうがよいでしょう。

ポジティブなものを吹き込む

今の状態から抜け出すためには、ポジティブなものを吹き込む必要があると感じているなら、催眠療法はとても強力な道具となります。セラピストは、インターネットや新聞、あるいはホリスティック医学の関連施設で探すことができます。セラピストを選ぶ時には、資格を持っていること、セラピストの団体に属していることを必ず確認してください。誰かに推薦してもらうのが一番よいでしょう。催眠療法を行えば、精神状態を向上させ、ネガティブなものを追い払い、自分の人生を最大限に生きることができるようになります。

優れたセラピストを見つけるのが一番よいのですが、リラックスしながら、自分自身に催眠療法を行なうこともできます (p.102を参照)。あらかじめ、リラックスした状態の自分自身に対して繰り返す簡単なアファメーションをいくつか決めておくか、それを録音しておき、再生してください。内容は、わたしは楽天的だ、ポジティブだ、など、自分の好きなように決めてかまいません。これを無理のない程度につづけることで、前進していきましょう。自分を覚醒させる時には、自分は覚醒し、頭は冴え、いつもの状態に戻っていると強くアファメーションしてください。

催眠療法は心地よくリラックスした状態になることであり、霊的な健康状態に大きな効果をもたらします。

天使

天使は霊的な使者であり、天使の白いイメージは、キリスト教やイスラム教、ユダヤ教、ゾロアスター教の伝統に由来し、あらゆる人間とかかわりがあります。高次の領域からやってきて、希望や喜び、保護や愛情といったものを伝えてくれる天使は、人が心を許して、祈り、求めることのできる対象なのです。

　人間が高次の存在へと成長したものが天使だと信じる人もいれば、天使は人間とはまったく別の存在だと考える人もいます。天使はわたしたちの目には人間の姿に映るため、身近な存在のように感じるのかもしれません。芸術作品では、天使は長衣を身につけ、すばらしい翼を持っているように描かれることが多いものです。その姿から天使の霊性を感じ取った人間は、いつか自分たちも下界の牢獄から上の世界へと舞い上がり、魂の真の故郷を見つけることができると信じているのです。

天使の訪れ

　たいていこの存在は、絶望し、脅えきっている人間のところへ、光に囲まれ、心地よい音楽とすばらしい香りと共に現れます。また、あまりドラマチックではありませんが、ベッドの近くなど、家の中に羽を見つけて、天使が訪れたことに気づくこともあるでしょう。

　誰にでも守護天使が存在し、危険が迫っている時にはその人にささやきかけ、予定を変えさせます。そして、人はあとから、そのおかげで怪我をせずにすんだり、命を救われたりしたことに気づくのです。守護天使は、人が純粋な目的のために導きを求めれば、言葉をかけてくれます。白いろうそくを点して、適切だと思えることならどんなことでもお願いしてください。そして、感謝の印として、誰かの役に立つことをすると誓いましょう。これは天使の恩に報いるためでも、あなたが利己的ではないことを証明するためでもなく、ただあなたと宇宙の間に流れをつくるために行なうことです。

天使の序列

　大天使は高い位にいる天使のことで、広い範囲に影響を及ぼす大きな力を持っています。中世の魔術師たちは、呪文に彼らの名前を使ったものです。あなたも、大天使に姿を現してくれるように求め、そのシンボルを自分のまわりにおくようにすれば、特定の状況で彼らを呼び出し、力をもらうことができます。

ミカエル

好物：シトリンなど透明なクリスタル
インセンス：フランキインセンス、オレンジ
ろうそくの色：金色

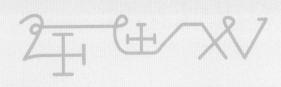

光の天使である大天使ミカエルは、闇を追い払う戦士です。大きな剣を振りかざし、魂の重さを測る天秤を持っています。

ガブリエル

クリスタル：ムーンストーン
インセンス：ジャスミン
ろうそくの色：銀色

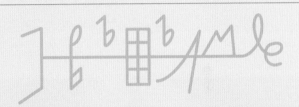

〈神の力〉として知られるガブリエルは、霊能力、知恵、先見の明を与え、出産を司っています。月と結びつき、その言葉は主に夢の中で聞こえます。ガブリエルはすばらしいメッセージを伝える大天使で、たいてい手にユリの花か笏を持った姿で描かれます。受胎告知の天使でもあり、神の使者として、処女マリアに神の子の受胎を伝えました。

ラファエル

クリスタル：アクアマリン、ヒスイ
インセンス：パイン
ろうそくの色：緑色

あらゆる命を癒すラファエルは、子供と旅人の守護者であり、たいてい水星と結びついています。杖と魚と合切袋を持つ姿で描かれます。

ウリエル

クリスタル：カーネリアン
インセンス：サンダルウッド
ろうそくの色：赤色

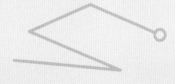

〈神の火〉を意味するウリエルは、嵐や地震を司り、魂の救済、勇気、知恵をもたらします。火星と結びついています。

スピリットガイド

スピリットガイドを伝える伝承は数多くあります。スピリットガイドとは、たいてい過去に生きていた、あるいは別の文化からやってきた、人を助ける存在のことです。彼らは霊的に高次な存在となったあとも、人間の成長を助けるために、自らの意志で地球の次元に残っているのです。あなたのスピリットガイドは、おそらく血縁関係にあった人や、親しかった人でしょう。あるいは、普段なら日常の意識には存在することのない、高次の自己の表れなのかもしれません。

アメリカ先住民たちは自然と仲良く暮らし、多くのスピリットガイドが彼らの元にやってきました。

聡明なスピリットガイド

天使が使者であるなら、スピリットガイドは教師ですが、彼らの役割は重なり合うこともあるようです。スピリットガイドはそれぞれ個性があり、時にユーモアに富み、つねにやさしく、協力的で、聡明なものです。けれども、あなたのことをクレオパトラやナポレオンの生まれ変わりだと言ったり、この惑星を救う運命にあると言ったりするのであれば、おそらくそれはスピリットガイドではなく、あなたの自我の投影でしょう。そういう場合は、地に足をつけ、精神のバランスを取ってください。

ポジティブなエネルギーを引きつける 107

スピリットガイドに会う瞑想法

たいていの人にはスピリットガイドがふたりいます。ひとりは男性、ひとりは女性で、それぞれ自分のエネルギーと才能を与えてくれます。自分のスピリットガイドを見つけ、会うためには、この視覚化を行なってみてください。

1 まず十分にリラックスし、今は満月の輝く明るい夜だと想像してください。あなたは丘のふもとに立っています。まわりには草と新鮮な土の香りが漂っています。丘の頂上を見上げると、いくつもの立石が円をつくり、月光の中に浮かび上がっている姿が見えます。ひときわ大きな石がふたつ、ゆったりと堂々と立ち、別の石がその上に渡され、ひとつの門を形づくっています。あなたはその入り口に向って、ゆっくりと丘を登っていきます。

2 石の間を歩きながら、やがて円の中に入っていきます。月光が輝き、巨大な石が漆黒の影を投じています。空気はやわらかく、風もなく、やさしい香りが夜気の中を漂っています。すべてが安らかです。けれども、あなたは何か神秘的なものを感じ取り、期待に胸を膨らませ、安心しながらも気分は高揚しています。

3 前を見ると、左右の暗がりの中からひとつずつ、ふたつの影が現れ、円の内側へ向ってきます。やがて、そのふたつの不思議な存在（男性と女性）は円の中央まで来ました。すると、月光がふたりを照らし、あなたのスピリットガイドの姿が明らかになります。目を凝らして、ふたりをよく見てください。着ている物や顔や態度を見てください。ふたりに話しかけ、触れ合い、抱きしめ、そして、ふたりに会えてうれしいと伝えましょう。ふたりが誰なのかをたずね、心の耳でその答えを聞いてください。それは文字や絵によって伝わってくるのかもしれません。

4 好きなだけ時間をかけて、話をしてください。準備ができたら、礼儀正しく挨拶をして別れ、丘を下り、日常の意識へと戻りましょう。そして、自分が経験したことをすべて書きとめてください。日常生活の中で自分のスピリットガイドと接することができるようになるまで、この儀式を定期的に繰り返しましょう。

祝福と癒し

祝福は、人や物に対して、ポジティブで愛情のこもった力を与える方法です。実は、これまでの章で学んだ身を守るための儀式の多くも、祝福とつながっています。なぜなら、そういったものは、とても純粋なエネルギーを呼び出すものだからです。愛情によって力を与えられたと感じた時には、誰かに祝福を与えましょう。

自分自身をチャネルとして与える

祝福を与える時、あなたは癒しと恵みを伝えるために、自分自身をチャネルとして与えています。祝福の印は、それが行なわれていることを、あなた自身の本能的な部分へ伝える物質的な合図なのです。ヨーガのムドラーのポーズで表される十字と五芒星は、どれも祝福のシンボルです。74〜77ページで見つけた自分のパワーシンボルは、祝福の印でもあります。自分の祝福の署名として、もっとも心地よく、霊的で、重要な意味が込められたものを選んでください。

人と物に対する簡単な祝福の例を挙げるなら、祝福した水が最適でしょう。生物は大部分が水からできており、水なしでは生き残れません。また、水には人の感情と意志の両方を吸収する力があります。水の分子は微妙な信号に反応して変化するため、あなたが心から祝福した水に特別な何かが込められているのは間違いないでしょう。

グラスか土器に湧き水を入れてください。プラスチックは人工的すぎるため、避けましょう。白いろうそくを点し、自分のまわりに身を守る〈泡〉をつくってください。そうしたければ、72〜73ページで説明した〈魔法の円〉をつくってもかまいません。チャクラを開け、王冠のチャクラの中へ黄金の光を取り込んでください。その光が臍に集まるのが感じ取れたら、あとはそれを両腕へ

水に残ったエネルギーの署名は、あなたの意志で変えることができます。また、祝福を込めることもできます。

ポジティブなエネルギーを引きつける　109

送るだけです。あるいは、ただ静かに座って、自分自身を愛情と安心感で満たすのもよいでしょう。

自分がチャネルになれるよう願ってください。手のひらを下にして、湧き水の入ったボウルの上に両手をかざし、自分という存在を満たしている愛に満ちた思いやりを感じ取り、それが両腕を伝わって、両手の手のひらから白く輝く光となって出ていくのを感じてください。水の上で自分のシンボルを描き、水は祝福されたとアファメーションしましょう。

祝福した水は、実際に祝福に使う時までは、手で触れないようにしてください。水は小さなドロッパーボトルへ移しましょう。人（特に子供）を祝福する場合は、額、つまり両目の間の上に少し塗ります。物の場合も同じようにします。対象が場所の場合は、祝福した水を振りかけます。祝福した水は定期的に入れ替え、古い水は地面に捨て、地球へ返しましょう。

癒しの儀式

人やペットを癒すためには、ユーカリオイルに祝福した水を少し加えて、緑色のろうそくにすり込んでください。そのろうそくに火を点し、心穏やかにして、気持ちを集中させながら、その炎をじっと見つめます。あなたが癒している人やペットが、とても元気にしているようすを心に思い描いてください。その対象が快方に向かうようすを想像してはいけません。また、病気や苦痛を追い払おうとするのもいけません。とにかく、ポジティブなことに気持ちを集中させるのです。そして、この言葉を3回唱えてください。「わたしからあなたへ、この魔よけの儀式を捧げます。あなたが元気になりますように」

ろうそくが燃えつきるまで、毎日繰り返し行なってもかまいません。儀式を終えるたびに、ろうそくを消し、十分に地に足をつけましょう。

儀式の最中に集中するには、ろうそくの炎が驚くほど役に立ちます。

季節の祝福

地球を裸足で歩けば、自然の計り知れない力に親しみを覚えます。

地球の祝福から恩恵をもらうよい方法のひとつは、季節と調和し、それがもたらしてくれる特別な恵みに気づくことです。自然を崇拝している人たちは8つの季節の祭りを大切にし、それぞれの季節が与えてくれるユニークな贈り物を尊んでいます。これは神聖かつ官能的なもので、霊的な意味だけでなく、肉体的な喜びにも気づかせてくれるものです。そして、地球とつながっていること、母なる大地に抱かれていることを感じさせてくれる、すばらしい方法なのです。

祭りの日やその前後には、散歩に出かけ、空気の感触や田園のようすなど、自分が受けるあらゆる印象に注意を向けてください。季節毎にノートやスクラップブックをつくり、自分にとっての季節の意味を発見しましょう。思い出の品を集め、詩を書き、絵を描き、ケーキを焼き、季節の料理をつくりましょう。そうしていれば、やがて地球との一体感や、この世界は豊かな場所であり、自分はその一部なのだという感覚が高まっていくのを感じ、あなたとあなたの行動のすべてがそこから力をもらうことでしょう。そして、その影響は年々大きくなっていくでしょう。

8つの季節の祭り

キリスト降誕祭

これは12月22日に行われます（南半球では6月22日）。これは冬至でもあり、再生や喜びを意味し、贈り物を与え、家族が集まる季節です。赤色や緑色のろうそくを点し、パインやフランキンセンスのエッセンシャルオイルを香らせましょう。新年に実現させたい一番の願いを象徴するものを、ツリーに吊るしてください（富がほしければコインチョコレート、赤ん坊がほしければ天使）。

聖燭祭

2月2日に祝うこの祭りは、清めと創造性の時です（南半球では7月31日）。何か創造的なことをし、何かを決断し、友人と一緒に何かを計画しましょう。白いろうそくを点し、ラベンダーやレモンのエッセンシャルオイルを香らせましょう。ろうそくを持って家の中をまわり、各部屋を光で清めてください。

春分

3月21日に祝う春分は、卵からヒナがかえり、木の芽がふくらむ時です（南半球では9月22日）。家を掃除し、植樹祭を行ない、黄色や薄緑色のろうそくを点

し、オレンジやサンダルウッドのエッセンシャルオイルを香らせましょう。庭には祝福した水をまいてください。

メイイヴ
4月30日に祝うこの祭りは、美しいもの、大騒ぎやパーティ、デートや愛の集会の時です（南半球では10月31日）。自分の体を祝い、友人を招いてご馳走しましょう。濃いローズレッドのろうそくを点し、イランイランやコリアンダーのエッセンシャルオイルを香らせましょう。ろうそくの光の中で体をマッサージし、愛の女神の祝福を求めましょう。

夏至
6月22日に祝うこの祭りは、何かを成し遂げること、楽しいこと、バーベキュー、花祭り、そして、ストーンサークルなど特別な場所への巡礼の時です（南半球では12月22日）。明るい花の色のろうそくを点し、ローズやゼラニウムを香らせましょう。大地を裸足で歩いたり、できれば裸で寝そべったりしましょう。

ラマス
この祭りが行われる7月31日は、作物の収穫、何かを成し遂げること、収穫祭、フォークダンス、ミステリーサークルを見に行くことを意味しています（南半球では2月2日）。金色や赤色のろうそくを点し、フランキインセンスやクローブのエッセンシャルオイルを香らせましょう。健康と富と知恵を願って、3本の麦の穂先を赤い糸で縛り、炉辺に吊るしましょう。

秋分
9月21日に祝う秋分は、夢見ること、蓄えること、収穫物でつくった夕食、瞑想、勉強会の時です（南半球では3月21日）。ベリーを摘みに行きましょう。紫色のろうそくを点し、サイプレスやレモンバームのエッセンシャルオイルを香らせましょう。枕の下にアメジストをおき、夢の内容を書きとめましょう。

ハロウィン
10月31日に祝うこの祭りは、謎、知識、ハロウィンパーティ、幽霊狩り、殺人ミステリー、かがり火パーティ、そして、物語を聞かせ合うための時です（南半球では4月30日）。霧の日に古墳へ行ってください。黒いろうそくを点し、パチョリーやミルラのエッセンシャルオイルを香らせましょう。自分の人生から追い払いたいものを紙片に書き出し、それを燃やしましょう。

人の体は贈り物です。メイイヴには特別なマッサージをして、体を敬いましょう。

112　ポジティブなエネルギーを引きつける

月の相はろうそくを点して祝います。闇の月には黒いろうそくがぴったりです。

月の魔法

月は夜の女王として、人の本能を支配し、月のリズムは人の命に影響を及ぼします。月からどんな影響を受けているのか知りたければ、月の日記をつけるのが一番です。月が満ちている時には自分のエネルギーも高まり、満月に頂点に達したあと、エネルギーは落ちていき、新月の頃には元気がなくなると、大勢の人が信じています。

　月がひとつのサイクルを完全に終えるには、29日かかります。月の相はたいていの新聞で調べることができます。手始めに、新月や満月の日にろうそくを点すことで、変わり目を意識しましょう。満月には白いろうそく、新月には銀色のろうそくが最適です。満月の日には、グラス1杯のワインや特別な食事など、自分にご褒美をあげて、月のサイクルに加わるのを楽しむことでお祝いしましょう。

月の相に合わせて儀式を行なう

　霊的な儀式には、特定の月の相に行なうとよいものがあります。たとえば、月が欠けている時期は、何かを弱めたり、減らしたり、縮ませたりすることにつながる儀式を行なうべき時です。93ページでは、以前関係のあった人との絆を断ち切る儀式を学びました。けれども、はっきりと特定はできなくても、解放されたいと願っている存在や力といった、また別の絆があるのかもしれません。

　その場合には、新月の1週間ほど前の1日を選んで、〈魔法の円〉をつくり、黒いろうそくを点してください。〈魔法の円〉の中にナイフを準備しておきましょう。気持ちを集中させ、66ページで説明したように、オーラの覆いを風船のように膨らませます。体から50センチメートルくらいのところまで膨らませたら、ネガティブな力をオーラに取りついた黒い触手として視覚化し、ナイフで切り取ります。これを新月まで毎日行ない、ろうそくを少しずつ点し、新月の前日にはすべて燃えつきるようにしてください。これで、あなたは解放され、新しいサイクルの祝福を迎え入れることができます。

幸せな気分を充電する

　満月は、幸運のお守りに幸せな気分を充電する最適の時です。自分を引きつける透明なクリアクォーツを用意してください。できれば、月の光を浴びながら〈魔法の円〉をつくります。代わりに、大きな白いろうそくを点してもかまいません。手に入れば、スティックタイプのショウブのインセンスを点すか、粉末状のショウブをインセンスとして焚いてください。このハーブは月とつながりがあり、また、幸運と保護とも結びついているからです。

　月の光（あるいはろうそくの光）の中に座りながら、両手でクリアクォーツを持ち、自分はつねに喜びと幸福を感じてきたと考えてください。さらに、これからもそういう時間が何度も何度も訪れ、それは今より楽しく、もっと恍惚とする時間なのだと信じましょう。ただ心を躍らせ、幸せを感じてください。そして、その気持ちをクリアクォーツの中へと流し入れ、今のわくわくしている気分が残らずクリアクォーツに充電されていくようすを心に思い描きましょう。終わったら、十分に地に足をつけましょう。クリアクォーツはビロードのポーチに入れ、特別な祝福が必要な時にはいつでも持っていってください。お守りは時々、浄化し、充電しましょう。

クリアクォーツを充電して、幸運のお守りにしましょう。

上級編

　ここまで、目には見えない脅威から自分自身を守る方法について学んできました。そういったものは悪意があるように見えても、たいていは偶発的なものです。けれども、滅多にないのですが、もっとずっと深刻なものがあります。それは霊的な攻撃です。神秘主義者たちは、その数は人が気づいているものよりずっと多いと信じています。霊的な攻撃はたいてい、目には見えないエネルギーの扱い方を知っている人が仕掛けてくるものですが、ごくまれに、強い悪意を持っている人や何かに取りつかれている人、無意識のうちにそういったものに同調した人が行なっている場合もあります。また、何か厄介な、人間以外の力を相手にしなければならないこともあるでしょう。

　こういった状況のどれであっても、これまで練習してきた霊的な穢れを落とす方法がおおいに役に立つでしょう。わたしはこれまでに何度も身を守る〈魔法の円〉を利用して、不快な存在を寄せつけないようにしてきました。あなたも〈泡〉をつくることに慣れれば、すばやく簡単にそれができるようになるでしょう。そして、直観を十分に磨けば、怪しげな人を見抜き、そういう人たちからできるだけ離れることができるようになるでしょう。これは不吉なものが感じられる場所でも応用できます。

　ウィージャボード（訳注／心霊術で用いる、文字、数字、記号を記した占い板）のようなもので遊ぶことは絶対にやめてください。そういったものが霊界への入口を開いてしまえば、人の手には負えなくなり、多くの問題を引き起こす可能性があるからです。最後に、自分の力では太刀打ちできないと感じる何かに出くわした時には、128ページに載せてある専門家やその団体に助けを求めてください。

> 魔術崇拝者たちは、光と闇、善と悪のことを、互いに補い合う力だと考えています。

悪の問題

　数年前、一般の人たちが電話で参加する、深夜のラジオトークショーへの出演を求められたことがあります。それは魔術や心霊的なことがらについて話し合う番組でした。一緒に出演したのは牧師と筋金入りの無神論者だったので、つらい時間になることは覚悟していたのですが、最初の電話の相手には本当に驚かされました。刺々しくヒステリックな声で、わたしをこう怒鳴りつけたのです。「魔女はどれも悪よ。完全な悪だわ！」

　わたしは驚いて口が利けませんでした。その攻撃が不当なものだったからだけではなく、それがまったくの無知をさらけ出していたからです。その女性はわたしに会ったこともなく、わたしの考え方についても何も知らないのに、よく考えもしないでそんなにも独断的に悪について決めつけ、そんな言葉をわたしに投げつけようと準備していたのです。わたしは、宗教裁判の脅威の下で生きるのはこういうものだったに違いないと想像し、背筋が寒くなりました。

悪とは何か

　けれども、あの女性はなぜわたしのことを〈悪〉だと思ったのでしょう？　彼女は興奮気味に聖書を引き合いに出すだけで、そのテーマについてきちんと筋の通った話をしたわけではなく、そもそも聖書についてもよく知らないようでした。おそらく彼女は、抑圧され、不安を抱えた不幸な人で、自分の内側を見て自分の欠点に気づくより、自分のまわりにいる〈悪〉を見ているほうが楽だったのでしょう。程度の差こそあれ、人は誰でもこの問題を抱えています。他者に〈悪〉というものを投影することによって、〈悪〉の概念を厄介なものにしているのです。そして、その結果、どれが自分の問題で、どれが人の問題なのか、わからなくなってしまっています。

　人は誰でも、他者に自分の〈影〉を投影してしまう可能性があります。それは、自分自身の中に気に入らない部分を見つけても、他者が持つ同じ性質や欠点

を憎めば、それに楽に対応できるからです。けれども、この投影という行為は、多くの人間関係に問題を起こします。投影するものが〈悪〉であれば、特にむずかしいものになります。独断的な宗派であれば、自分たちとは異なる考えを持つ人なら誰でも、〈悪〉としてしまうでしょう。ある民族が認めていない何かを象徴として用いたという理由で、ひとつの民族全体が〈悪〉という烙印を押されたこともありました。〈悪〉について声高に叫ぶ人たちは、信仰の名において、自分たちが悪魔としたものを非難し、迫害し、破壊することで、思惑どおりの結果を得るのです。こう考えれば、何かや誰かに〈悪〉の烙印を押すことには、十分に慎重にならなければならないことがはっきりわかるでしょう。

表裏一体

　魔術崇拝者たちが光と闇とを互いに補い合う力だと考えるのは、破壊なくして創造はあり得ないからです。〈悪〉が人間が生み出したものであることは間違いないでしょう。けれども、それが現実に存在する力であり、ひとつの存在のように感じられることがよくあるという事実は変わりません。つまり、〈悪〉は愛に似ています。その意味を明らかにして、言葉で説明することはとてもむずかしいのですが、その感覚は誰にでもわかるものなのです。

　本当に〈悪〉だと感じる何かや誰かに出くわしたら、とにかく離れてください。邪悪な人は避け、不吉な場所へは寄りつかないようにすることです。どんな場合でも、最善の策はかかわらないことです。相手がどんな姿をしているのであれ、そういう経験を数多く積み、自分が何をしているのかをよく理解しているのでなければ、〈悪〉と戦おうとしてはいけません。スピリットガイドや守護天使に保護と助けを求め、必要なことは何でも彼らにしてもらい、あなたは自分の人生と心を、ポジティブで人生を肯定するもので満たしてください。

ふさわしい仲間たちと人生を肯定する儀式を行えば、上手に〈悪〉を追い払うことができるでしょう。

霊的な攻撃

非常にめずらしいことですが、誰かが抱いている妬みや恨みや敵意のせいで、意図的に霊的な攻撃を受けることもあります。不運にもその対象になってしまったら、不安発作が起きたり、不機嫌になったり、理由のわからない不快感や無力感を抱いたり、軽い病気や事故がつづいたり、不眠症になったりと、さまざまな違和感を覚えることでしょう。

夜驚症

霊的な攻撃の最大の特徴は、いつも決まった悪夢を見ることです。夢の中で犠牲者は自分は覚醒していると思っています（実際に覚醒している場合もあります）。まず犠牲者は極度の不安を覚え、体を動かせないと感じながら、部屋の中に誰かあるいは何かがいることに気づきます。その存在は黒っぽい

霊的な攻撃を受けると、眠れなくなったり、いつも決まった悪夢を見たりします。

姿として感じられたり、目に映ったりするかもしれません。その存在は犠牲者に近づいてくると、たいていその体の上に乗ります。犠牲者は胸の上にかなり重いものが乗っていることを感じ、身動きできなくなることもあれば、声や音を聞いたりすることもあります。言うまでもありませんが、この接触の結果、犠牲者は恐怖感と無力感を抱くようになるのです。

攻撃している存在が離れたり、消えたりすれば、その出来事は終わります。犠牲者は疲れ果てて深い眠りにつきますが、翌朝起きた時には、心身ともに消耗しきっています。このような攻撃は、人のエーテルのエネルギーを吸い取る霊的なヴァンパイアの仕業かもしれません。攻撃の目的が害を及ぼすことであれ、エネルギーを奪い取ることであれ、その影響はどちらも不快で有害なものになります。

人の弱みにつけ込む

霊的な攻撃の一番恐ろしいところは、それが相手の弱点を見つけるように意図されたものだということでしょう。攻撃している人自身が、それが何であるか知らない場合でさえそうなのです。人は誰でも神経症になったり、ばかげた恐怖にとらわれたりするものです。そして、どれほど強い心を持った人であっても、悪意の攻撃を受けつづければ、生きづらくなるでしょう。

そういった攻撃はどのように行われるのでしょうか？　ネガティブな思考を送り、害を及ぼすために、儀式を利用することもあるでしょう。また、無意識のうちに行なっていることもあるでしょう。相手を傷つけたいという自分の願望には気づいていても、その願いが実際に投影されているとは知らないのかもしれません。要するに、人の役に立ち、愛と思いやりを生み出す才能を持つ人がいるのと同様に、その逆のことをする才能を持つ人もいるということです。霊的な攻撃を行なっているのが以前のパートナーであったり、家族であったりすると、対応がよりむずかしくなる場合があります。その場合には、そういう問題を理解してくれる友人に協力を求めるのが一番よいでしょう。そうすれば、ひとりが物質的で実際的な側面を担当し、もうひとりが人の目には見えない次元を担当することができるからです。

霊的な攻撃にははっきり〈悪〉と呼んでよいものもあり、また、真に邪悪なものが強くかかわっていることも考えられ、そうなれば問題はかなり複雑なものになります。攻撃の主が積もりつもった悪意であったり、悪意を持った人であったりすれば、ただ背を向けることもできますが、この場合はそうはいきません。こういった悪は姿をはっきりと見せることはありませんが、魔力を持っています。霊的な攻撃は現実的で、非常に人間的なものになり得るのです。このことを理解した上で対処する必要があるでしょう。

霊的な攻撃に立ち向かう

| 理解してくれる誰かに心配ごとを打ち明ければ、力づけられ、支えてもらえるでしょう。

霊的な攻撃を行なう人の大部分は、自分の攻撃がうまくいったかどうか知りたいという誘惑に逆らうことができません。まるで犯罪現場に舞い戻る殺人者のように、あなたに近づいてくるでしょう。加害者が無意識のうちに行動していたとしても、その人のあなたに対する執念は、遅かれ早かれ表に出てくるのです。

　実際に攻撃を受けているなら、本気で立ち向かうべきです。あなたには調和とバランスを維持する以上のことが求められています。自分自身が悪意を送る側に立つことなどまったく望んでいなくても、悪意はそれが元々存在したところへ確実に送り返さなくてはなりません。武術の世界にはこんな言葉があります。「攻撃を受けても、相手の体重と力を利用すれば、相手を不安定な状態にして投げ倒すことができる」
　攻撃を受ければ、それが誰から来ているのかはすぐにわかるでしょう。その邪悪な相手を追い込み、ふさわしい場所へ戻してやりましょう。次のページにアドバイスを挙げておきます。

- 本書で紹介している、浄化し、力をつけ、身を守るための儀式を順を追ってすべて行ない、それを何度も繰り返しましょう。自分が守られているという確信が持てなければ、瞑想したり、チャクラを開いたりしないでください（攻撃を受けているなら、守られていないのでしょう）。

- 忘れられない絆を断ち切るための儀式（p.93を参照）をアレンジして、攻撃してくる人に対処しましょう。バラの花びらは抜きにして、最後の言葉、「離れて、幸せになれますように」を「離れて、安全になれますように」に変えてください。

- 霊的な攻撃について相談するのは、霊的な攻撃という概念を理解し受け入れることのできる、とても親しく信頼のおける友人たちだけにしましょう。その人たちに協力してもらっていることを、攻撃者に知らせる必要はありません。魔術崇拝者の諺にはこんなものがあります。「理解し、決意し、思い切って行動しても、口は閉ざしておけ！」

- 魔術崇拝者の諺にはこんなものもあります。「恐れがあるところに力がある！」この恐れはあなたのもので、力は誰か他の人のものだと思っているのかもしれませんが、それは間違いです！　恐れを感じたら、それを怒りと憤りに変えましょう。

- 助けと支えを求めましょう。魔術を信じている友人に儀式を手伝ってもらったり、セラピストになってもらったりと、いろいろ協力してもらってください（精神面も支えてもらいましょう）。

- スピリットガイドに頼んで、自分のために行動してもらったり、パワーアニマルを送ってもらったりしましょう。けれども、こういった存在と出会うための瞑想法をまだ行なっていないなら、今は行なうべき時ではありません。

- できるかぎり笑いましょう！

- 恐怖感にとらわれないようにしましょう。それについて論理的に考え、分析することで乗り越えましょう。恐怖感をうんざりさせてやることです。そして、現実でも、象徴的な意味でも、別れを告げてください。

- 奇妙なことだと思うかもしれませんが、敏感な人たちは攻撃者に同情し、仕返しすることに罪の意識を感じることがよくあります。相手が昔のパートナーや友人であれば、特にそうです。けれども、安全でいるためには、許してはいけない感情があるのです。客観的かつ論理的になりましょう。あなたは生き残るに値する人なのですから、戦ってください！

- 所有物やお金、自宅の安全といった現実的な問題には、確実に効率よく取り組みましょう。

> 無邪気な笑い声は悪に対するすばらしい解毒剤です。ハリー・ポッター・シリーズに出てくるボガート（訳注／まね妖怪。人が笑うと退散する）を思い出してください。

自分で自分を守る

こういった攻撃を受けたら、経験豊富な人に助けを求めるのが賢明ですが、自分自身を守るために自分でできる儀式もあります。大切なのは、自分は無力ではないことを理解し、感じ取ることです。

恐怖感を和らげる儀式

1 好みのガラスボウルを選び、生ぬるい水で満たします。食用色素を使って、水を自分の好みの色にしてもかまいません。氷も少し用意してください。

2 まわりを掃き清め、身を守るための〈魔法の円〉をつくります。スティックタイプのフランキインセンスのインセンスを焚いてください。それぞれの氷に自分が抱いている恐怖感一つひとつを示す名前をつけましょう。

3 氷を水に落とし、それが溶けていくようすを見守ります。そして、自分の恐怖感が溶けて消えたとアファメーションしてください。

4 〈魔法の円〉を取り除き、水を地球へ返し、感謝を捧げましょう。この儀式は月が欠けていく時期に行なうのが最適です。

悪意を跳ね返す儀式

1 よく晴れた日に、鏡を用意してください。まず、鏡を湧き水で浄化し、清潔な白い布で水気をふき取ります。

2 鏡を持ち上げて、日光を反射させてください。しばらくそのままにしたあと、「南、西、北、東の至るところへ、恐れ、憎しみ、悪意、痛みを投げ捨てよ」と唱えながら、鏡を時計回りに回します（南半球では反時計回りに回し、方角は「南、東、北、西……」としてください）。

3 力が頂点に達したと感じるまで、回転を速めていきます。その力を鏡に送り入れたら、今度は充電された鏡の向きを変えて、悪意をその送り主へ、窓へ、机へ、扉へ跳ね返しましょう。

4 鏡は定期的に浄化し、充電してください。満月の日に行なうとよいでしょう。

悪い感情をボトルに詰める儀式

1 これは効果の高い儀式です。新月の前、3日間に行なうように計画してください。

2 古いワインボトルに錆びた鉄釘を9本入れ、「あなた方を苦しみに任命します」と言ってください。

3 さらに、ボトルに酢を少し加えて、「あなた方を恨みに任命します」と言ってください。次に腐った牛乳を加えて、「あなた方を恐れに任命します」と言いましょう。

4 ボトルにコルク栓をし、「悪はボトルの中に間違いなく、しっかりと詰められました。あなた方をふさわしい場所へ送ります」と言いながら、ボトルを振ってください。振りながら、自分が感じている怒りを残らずその動作に込めましょう（注意―コルク栓が外れないようによく注意してください）。

5 ボトルを持って外に出て、大切な植物や排水溝から離れた土に穴を掘ってください。そして、こう言いましょう。「経験と知恵にあふれる地球よ、これを処理し、適切に循環させてください。これをあなたにゆだねます」

6 ボトルを振りながら、中身を残らず穴へ注ぎ入れてください。そのあと、丁寧に穴を埋めましょう。ボトルを温水で洗ってから、塩を加えた湧き水を入れてください。それを日光の下におき、アクアマリンの磨き石をひとつ入れましょう。

矢の儀式

1 黒いオブシディアンの小さな棒を4本、あるいはオブシディアンの磨き石を4つ準備してください。後者の場合は、黒い紙を4枚用意し、矢の形に切りましょう。

2 オブシディアンの棒、あるいは紙の矢の上にオブシディアンをおいたものを、白いろうそくを中心にして、東西南北に向けておきます。ろうそくを点し、矢が攻撃的なエネルギーを放って、害を及ぼすものを撃退しているとアファメーションしましょう。これを必要だと感じるだけ、何度も行なってください。23ページの写真を参考にしましょう。

索引

あ

アーサナ　40
悪意を跳ね返す儀式　122
アグリモニー　87
悪:
　　悪の問題　116-17
　　悪を避ける　117
アストラル界　64, 65, 72
アスペン　87
アファメーション　83, 102-3, 122
アルコール　35
アルコールと薬　35
アレキサンダー大王　19
アンク（シンボル）　74
安全運転　97
家を霊的に浄化する　54-5
家　14-15
　　家の浄化　54-5
怒り　11, 53
イシス（女神）　80
糸で縛る儀式　91
犬　15
　　パワーアニマルとしての犬　83
癒し　109
イランイランのエッセンシャルオイル
　59
色:
　　元素と結びついている色　68, 69
　　チャクラの色　28, 30
インセンス　58
陰陽　38
ヴァンパイア:
　　感情を吸い取るヴァンパイア　22-
　　3
　　霊的なヴァンパイア　119
ヴィーナス（女神）　81
ウィージャボード　115
ウィンドチャイム　56
ウォルナット　87

歌

歌を歌う　57
栄養　34
エーテル体　26-7, 35, 60
　　身を守る〈泡〉をつくる　66-7
エーテルのエネルギー　60
エクササイズ　35
エッセンシャルオイル　58-9
　　ブレンド　59
エリス（女神）　13, 79
エンドルフィン　60
オイルバーナー　58
王冠のチャクラ　29, 30-1
　　チャクラを開く　48
オーラ　26-7, 35
　　オーラの浄化　27, 52-3
　　オーラの層　26
　　オーラを見て、感じ取る　26, 27
　　人のオーラを奪い取る　23
　　身を守る〈泡〉　66-7, 89, 115
　　物のオーラ　27
恐れ　53
　　恐怖感を和らげる儀式　122
音で浄化する　56-7
オニキス　85
オブシディアン　85
オブシディアンの矢　123
お守りを充電する　113
オレンジのエッセンシャルオイル　59
音楽　25, 56-7

か

ガーネット　85
カーネリアン　85
カール・ユング　12, 19
香り　25
　　香りで浄化する　58-9
鏡で悪意を跳ね返す　122
家具　15

影

影:
　　影の投影　116-17
　　元型の影　19
風（元素）　54-5, 68, 69, 73
　　支配元素　71
　　〈魔法の円〉　72
　　〈恋愛関係の円〉　92
楽器　56
神々　78-81
　　神々を呼び出す　79
　　自分の神　79
カルセドニー　85
感情:
　　感情がねじれた話　17
　　ネガティブな感情　14, 51
感情を抑えこむ　51
感情を刻み込む　21
感情を吸い取るヴァンパイア　22-3
観世音菩薩（女神）　81
気功　38, 39, 60
儀式　33, 60
　　糸で縛る儀式　91
　　癒しの儀式　109
　　絆を断ち切る儀式　93, 121
　　気分をほぐす儀式　36
　　植物や木を使った小さな儀式　86
　　悪い感情をボトルに詰める儀式
　　123
絆を断ち切る儀式　93, 121
季節の祝福　110-11
基底のチャクラ　28, 30-1
　　チャクラを開く　47
嗅覚　25
恐怖症　6
キリスト教の聖人　78
キリスト降誕祭　110
緊張状態　33, 36

木　86-7
　　木から栄養をもらう瞑想法　45
　　木を使った儀式　86
クラブアップル　87
クリスタル　25, 84-5
　　クリスタルのお守り　113
　　クリスタルの効用　85
　　クリスタルを選ぶ　84
　　クリスタルを充電する　113
　　クリスタルを浄化する　84, 91
　　元素と結びついているクリスタル
　　　68, 69
　　職場のためのクリスタル　90
　　大天使と結びついているクリスタ
　　　ル　105
　　身を守ってくれるようクリスタルを
　　　プログラミングする　85, 90
車の安全　97
訓練:
　　想像力を高める訓練　65
　　身を守るための訓練　46
夏至　111
ケルヌンノス（神）　81
元型　13
元素　68-9
　　支配元素　70-1
攻撃性　11
香炉　58
口論　14
ゴース　87
呼吸　53
子供時代　14
子供:
　　子供の祝福　109
　　子供のパワーアニマル　95
　　子供を守る　94-5

さ
サイプレスのエッセンシャルオイル
　　59
催眠療法のセラピストを探す　103
催眠療法　102-3
　　自分自身に催眠療法を行なう
　　　103

シーダーウッドのエッセンシャルオイル
　　59
ジェット　85
視覚化　46, 63
　　視覚化によってオーラを浄化する
　　　52
　　視覚化によって自分の神を見つけ
　　　る　79
　　視覚化によってスピリットガイドに
　　　会う　107
　　視覚化によってネガティブなものを
　　　追い払う　51
　　視覚化によってパワーアニマルを
　　　見つける　82-3, 95
　　視覚化によってパワーシンボルを
　　　見つける　76-7
思考:
　　邪悪な思考　23
　　邪悪な思考と戦う　22
　　ネガティブな思考　119
自己防衛　11
自然界のエネルギー　24-5
自然界のエネルギー　24-7
自然崇拝110
自然:
　　自然が持つ霊的なエネルギー
　　　24-5
　　自然と触れ合って霊的な力をつけ
　　　る　44-5
　　自然に親しむ　24
　　自然の中の元素　73
自分で自分を守る　122-3
自分がおかれている状況を理解する
　　8, 18-19
邪悪な思考　23
　　邪悪な思考と戦う　22
邪眼　16
ジャスパー　85
集合的無意識　13
集団に対応する　12-13
集団力学　12-13
秋分　111
祝福　108-9
　　季節の祝福　110-11

守護天使　95, 104, 117
ジュピター（神）　81
春分　110
浄化テクニック　51-61
　　家を浄化する　54-5
　　音で浄化する　56-7
　　香りで浄化する　58-9
　　自分自身を浄化する　52-3
　　ダンスで浄化する　60-1
ショウブ　113
職場で身を守る　90-1
植物　15, 86-7
　　植物を使った小さな儀式　86
シンギングボウル　56
神経症　8
心臓のチャクラ　29, 30-1
　　チャクラを開く　47
シンボル:
　　祝福のシンボル　108
　　シンボルを清める　75
　　シンボルに宿る力　74-5
　　パワーアニマル　82-3
　　パワーシンボル:
　　　パワーシンボルを見つける
　　　　76-7
　　　パワーシンボルを見つける瞑想
　　　　法　76-7
シンボルとしての円　74
シンボルとしての五芒星　74
シンボルとしての三角　74
シンボルとしての四角　74
シンボルとしての十字架　74
スィートチェストナット　87
スクラップブック　110
スターオブベツレヘム　87
スティックタイプのインセンス　58
　　スティックタイプのラベンダーインセ
　　　ンス　54-5
ストレス　6
素直に認める　19
スノーフレーク・オブシディアン　85
スピリットガイド　78, 106-7, 117
　　スピリットガイドに会う瞑想法
　　　107

スマッジング　52
聖クリストファー　96
聖燭祭　110
聖人　78
聖ブリジッド　78
生命力を利用する　40-1
セージのエッセンシャルオイル　59
仙骨のチャクラ　28, 30-1
　チャクラを開く　47
潜在意識による行動　102
セントーリー　87
想像力　63
　視覚化と想像力　64-5
　想像力がもたらす効果　64
　想像力を高める訓練　65
存在　35
　人込みの中の存在　13
　霊的な存在:
　　不快なもの　21
　　霊的に低い存在　13

た
太極拳　38-9, 60
大天使　104-5
大天使ウリエル　105
大天使ガブリエル　105
大天使ミカエル　105
大天使ラファエル　105
タイムのエッセンシャルオイル　59
太陽神経叢のチャクラ　28, 30-1
　チャクラを開く　47
ダウジングの専門家　20-1
ダンス　25
　ダンスで浄化する　60-1
地（元素）　54, 55, 68, 73
　支配元素　70
　〈魔法の円〉　72
　〈恋愛関係の円〉　92
チェストナット　87
チェリープラム　87
力:
　力となるシンボル　76-7
　パワーアニマルに力をもらう　82-3,
　　95

チベットのシンギングボウル　56
チャクラ　28
　大きなチャクラ　28-31
　チャクラの詰まり　46
　チャクラを閉じる　49
　チャクラを開く　46-8
チャント　57
直観:
　直観を刺激する　24
　直観を信じる　17
月の日記　112
月の光　24
月:
　月の相　112-13
　月の魔法　112-13
強さを身につける　8-9
ティートゥリーのエッセンシャルオイル
　59
手を叩く　56
天使　78, 104-5, 106
　守護天使　95, 104, 117
　天使の訪れ　104
　天使の序列　104
動作　25
　象徴としての動作　60
　ダンスで浄化する　60-1
トーテム　83
トト（神）　80

な
日課の構成　33
日課　33
入浴　52
人間の声　57
ネガティブな感情　14
ネガティブな思考　119
ネガティブなもの　11
ネガティブなものを抑えつける　99
猫　15
　猫を守る　94
　パワーアニマルとしての猫　83
妬みを避ける　16-17
眠り　35
脳内の化学物質の分泌　24

脳:
　香りが脳に与える効果　58
　脳内の化学物質の分泌　24
ノート　110
喉のチャクラ　29, 30-1
　チャクラを開く　47
呪い　22-3

は
ハーブの匂い袋　87
ハーブ　35
　元素と結びついているハーブ　68,
　　69
　ハーブの香り　58
場所が持つ影響力　8, 11, 20-1
ハタヨーガ　40
パチョリーのエッセンシャルオイル
　59
花　14, 15, 86-7
　花の香り　58
パニック発作　6
ハロウィン　111
パワーアニマル　82-3, 95
パワーアニマルとしてのウサギ　83
パワーアニマルとしての馬　83
パワーアニマルとしての狼　83
パワーアニマルとしての雄牛　83
パワーアニマルとしての雄鹿　83
パワーアニマルとしての雄羊　83
パワーアニマルとしてのカエル　83
パワーアニマルとしてのカラス　83
パワーアニマルとしてのカワウソ　83
パワーアニマルとしての狐　83
パワーアニマルとしての熊　83
パワーアニマルとしてのサケ　83
パワーアニマルとしての鷹　83
パワーアニマルとしての白鳥　83
パワーアニマルとしてのフクロウ　83
パワーアニマルとしてのヘビ　83
パワーアニマルとしてのミツバチ　83
パワーアニマルとしての雌豚　83
パワーアニマルとしての鷲　83
ヒスイ　85
人の個性　16-17

人前で話す　90-1
敏感さ　8, 15
火〈元素〉　54-5, 68, 69, 73
　支配元素　71
　〈魔法の円〉　72
　〈恋愛関係の円〉　92
不安　6
不眠症　6
プラーナ　40-1
ブラッドストーン　85
フラワーレメディ　86-7
　フラワーレメディの効果を高める
　　94
フランキンセンスのエッセンシャル
　オイル　59
ブレスレットをつくる　97
雰囲気　15
　重苦しい雰囲気　64
ペット　15
　ペットを守る　94-5
ペパーミントのエッセンシャルオイル
　59
ベルを鳴らす　56
ポジティブシンキング　100-1
ポジティブなアドバイス　102-3
ポジティブなエネルギーを引きつけ
　る　99-113
ボディーランゲージ　11, 42-3
　ポジティブなボディーランゲージの
　　ためのチェックリスト　43
褒め言葉　16-17
ホリー　87

ま

魔術崇拝者　117, 121
魔女　116
街の中で身を守る　88-9
マッサージ　25
〈魔法の円〉:
　守護者としての元素　72-3
　〈魔法の円〉の中でシンボルを清め
　　る　75
　〈魔法の円〉をつくる　72
　身を守る〈魔法の円〉　115

〈魔法の円〉に力を与える　72-3
　〈恋愛関係の円〉を完全なものにす
　　る　92
マラカイト　85
マルス〈神〉　13, 79
眉間のチャクラ　29, 30-1
　チャクラを開く　48
水:
　祝福を込める　108-9
　水のある場所　21
　水を飲む　34
水〈元素〉　54-5, 68, 69, 73
　支配元素　71
　〈魔法の円〉　72
　〈恋愛関係の円〉　92
ミムラス　87
ミルラのエッセンシャルオイル　59
身を守る〈泡〉　66-7, 89, 115
身を守るテクニック　63-97
メイイヴ　111
瞑想　46
　シンボルを見つける瞑想法　76-7
メリッサ（レモンバーム）のエッセンシ
　ャルオイル　59
木炭　58

や

夜驚症　118-19
ユーカリプタスのエッセンシャルオイ
　ル　59, 109
幽霊の出没　21
幽霊の存在　21
ヨーガ　40-1
夜の女王　112

ら

ラーチ　87
ライアル・ワトソン　22
ラピスラズリ　85
ラブラドライト　85, 93
ラベンダー:
　スティックタイプのラベンダーインセ
　　ンス　54-5

ラベンダーのエッセンシャルオイル
　52, 59
ラマス　111
旅行中の安全　96-97
リラックスする　36-7
　簡単なリラックス法　36
　リラックスするには　36
霊的なヴァンパイア　119
霊的な大掃除　54
霊的な脅威に気づく力を高める　8-9
霊的な穢れを落とす　51-61, 115
霊的な攻撃　23, 115, 118-19
　霊的な攻撃に立ち向かう　120-1
霊的な浄化　51-61
霊的に強くなる　33-49
霊的な敏感さ　8, 15
霊的に低い存在　13
霊的に身を守ることの説明　11
霊の分身　23
レイライン　20-1, 21
レスキューレメディ　87
レッドジャスパー　85
レッドチェストナット　87
レメディ:
　バッチフラワーレメディの効果を高
　　める　94
　フラワーレメディ　86-7
レモンバーム（メリッサ）のエッセンシ
　ャルオイル　59
〈恋愛関係の円〉　92-3
恋愛関係:
　絆を断ち切る儀式　93, 121
　恋愛関係を守る　92-3
ローズマリーのエッセンシャルオイル
　59
ろうそく　52, 54-5
ロックローズ　87

わ

笑い声　57, 121
悪い感情をボトルに詰める儀式
　123

タロットカード＆占い関連書

本格的かつわかりやすいと大好評
絶対の自信をもって**オススメ**します!!

タロットカード フルデッキシリーズ 解説書付き

それぞれ解説書64頁＋カード78枚（大アルカナ・小アルカナ）／サイズ B6変型（172×140×40mm）

ゴールデンタロット

リズ・ディーン 著

「スフォルツァ版」と
「ウェイト版」を参考にした図柄
神秘的な雰囲気と美しさを持つ78枚フルデッキの特別製タロットカードと、イラスト入りでわかりやすいガイドブックのセット。

本体価格1,800円

アート・オブ・タロット

リズ・ディーン 著

愛らしいイラスト
カードのサイズは小さめ
現代的解釈を加えた神秘的で愛らしいタロット78枚に、明確で実際的なリーディングで定評のあるリズ・ディーンの解説書付き。

本体価　1,800円

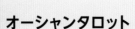

オーシャンタロット

ジェーン・ウォレス 著

色鮮やかな海の生き物たちからのメッセージ
マーメイドやマーマンなどの海の生き物たちの魔法の世界。逆位置の代わりに前向きなアドバイス。

本体価格1,800円

エンジェルタロット

ジェーン・ウォレス 著

天使の世界からの
インスピレーション
天使の世界から日々のメッセージと予測を届けるカード。直感的に天の知恵とつながり、求める答えが見つかる。

本体価格2,400円

Working with Psychic Protection
プロテクション テクニック

発　　　行	2019年10月1日
発 行 者	吉田 初音
発 行 所	株式会社 ガイアブックス
	〒107-0052 東京都港区赤坂1-1 細川ビル2F
	TEL.03(3585)2214　FAX.03(3585)1090
	http://www.gaiajapan.co.jp

著　者：**テレサ・ムーリー**（Teresa Moorey）
魔術、呪文、心霊能力、心霊現象についての著書多数。主な著書に『あなたのクリスタルコード』、『妖精バイブル』、『数秘術バイブル』（いずれもガイアブックス）その他多数。

翻訳者：**服部 由美**（はっとり ゆみ）
文芸翻訳家。訳書に、『検証 骨粗鬆症にならない体質』、『入門 オーラを見る』、『数秘術バイブル』、『ハーブ図鑑』（いずれもガイアブックス）などがある。

Copyright for the japanese edition GAIABOOKS INC.
JAPAN2019
IISBN978-4-86654-018-4 C0077

落丁本・乱丁本はお取り替えいたします。
本書を許可なく複製することは、かたくお断わりします。
Printed in China